비즈니스 리더를 위한
정치의 **기술**

Political Skill at Work : Impact on Work Effectiveness

by Gerald R. Ferris, Sherry L. Davison and Pamela L. Perrewe
Copyright © 2005 by Davies-Black Publishing, a division of CPP, Inc.,
1055 Joaquin Road, Suite 200, Mountain View, California 94043 USA.
All right reserved.

No part of this work maybe reproduced, stored in a retrieval system, or transmitted in any form or by any means, electronic, mechanical, photocopying, recording, or otherwise, without written permission of the publisher, translated an distributed by Gasan Books, under special license from Davies-Black Publishing.

Korean language edition © 2006 by GASAN BOOKS
Korean translation rights arranged with Davies-Black Publishing,
through EnterKorea Co., Ltd., Seoul, Korea.

이 책의 한국어판 저작권은 (주)엔터스코리아(EnterKorea Co., Ltd.,)를 통한
저작권사와의 독점계약으로 가산출판사가 소유합니다.
신 저작권법에 의하여 한국 내에서 보호받는 저작물이므로
무단전재와 무단복제를 금합니다.

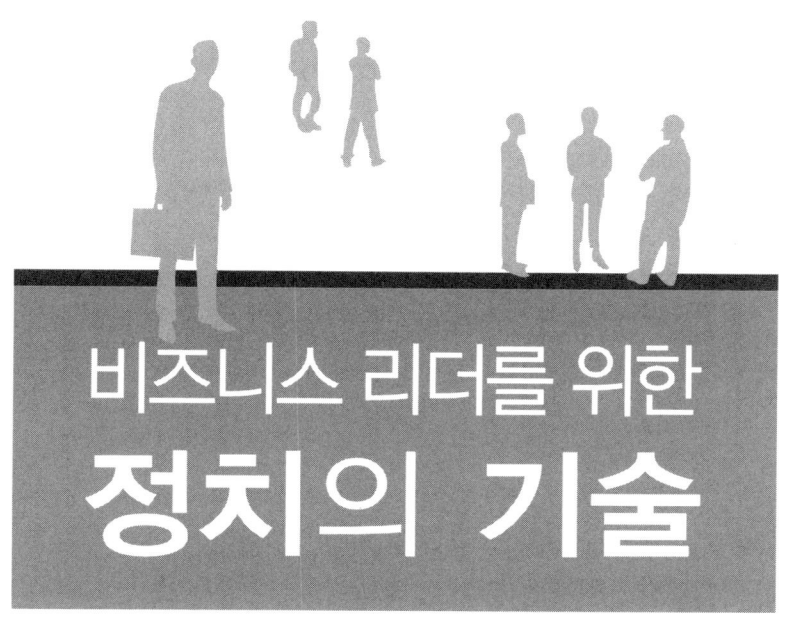

비즈니스 리더를 위한
정치의 기술

페리스 · 데이비슨 · 페르위 지음
홍석기 · 김환영 옮김

Political Skill
at Work

프롤로그

정치의 기술은 생존 전략이다

대부분의 사람들은 기업체, 비영리기관, 교육기관 혹은 중앙정부나 지방자치단체 등 크고 작은 조직 속에서 살아가고 있다. 그러한 집단 속에서 살아가려면 타인에게 영향력을 발휘하는 능력이 필요하다. 자영업자들도 역시 고객이나 다른 사람들과 교류하고 있으므로 그들에게 영향력을 발휘하는 방법을 알아야 한다.

어떻게 영향력을 발휘할 것인가? 강제로 자신의 소망이나 관심에 따르도록 할 것인가? 협박할 것인가? 성가시게 만들 것인가? 아니다. 물론 그렇지 않다. 우리는 상황을 읽고, 사람들의 행동을 해석함으로써, 다른 사람들이 자신이 원하는 대로 마치, 그들 스스로의 생각인 듯 기꺼이 행동하도록 유도할 수 있는 적절한 행동을 취해야 한다. 즉 정치의 기술political skill이 필요하다.

이 책에서는 정치의 기술에 대한 본질을 논의하고, 다른 사람들에게 영향력을 발휘하고, 따라서 회사에서나 자신의 성공적인 커리어 관리에 도움이 될 정치 기술의 역할을 다룬다. 이 책은 '무엇을' 뿐만 아니라, '어떻게' 도 다룬다. 즉 효율적이고 성공적으로 영향력을 발휘하기 위해 무엇을 해야 하는지 뿐만 아니라,

그것을 어떻게 해야 하는지를 설명한다. 다른 사람들에게 영향력을 행사하고자 할 때, 어떤 접근 방법으로 어떻게 수행해야 하는지를 아는 것이 비즈니스 정치 기술의 핵심이다.

정치의 기술은 단순한 조작이 아니다

유권자를 휘어잡는 정치인들이나 기업의 중역, 개인적 이슈를 추구함에 있어 탁월한 연주자와 같은 기량을 발휘하는 이사회 임원들이나 주주 등과 같이 자신들이 원하는 것들을 실로 놀라운 솜씨로 성취해 가는 사람들은 다른 사람들의 부러움을 산다. 이러한 사람들은 놀라운 정치의 기술을 갖추고 있다.

그러나 정치의 기술은 축복과 같은 것이 아니다. 곤란한 상황을 빠져나가거나 남을 속이고 이용하여 자신의 이익만을 추구하는 것은 더욱 아니다. 뉴스에 오르내리는 여러 사건과 사례들이 있음에도 불구하고, 그러한 행동들은 정치의 기술을 오용한 사례이지, 정치의 기술 자체의 속성은 아니다. 정치의 기술은 효과적이고 필수적인 품성이다. 적절하게 적용된다면, 그것을 이용하는 사람이나 그 사람이 속한 조직 모두에게 도움이 되는 능력이다.

  살다 보면 누구나 한두 번은 남들로 하여금 자신의 생각이나 결정, 새로운 행동 프로그램을 따르도록 설득을 해야 할 때가 있으며, 오늘날의 비즈니스 세계에서 이것은 정치의 기술로 대표된다. 이 책을 통해 비즈니스에 필요한 정치의 기술을 이해하고 깨달으며, 확대하고 이용하는 방법에 대해 알아본다. 이 책의 제목은 매우 의도적인 의미를 담고 있다. 우리는 비즈니스에서 정치의 기술을 활용하는 방식과 대인 관계 그리고 조직의 효율성에 기여하는 방식에 대해서도 많은 관심을 가지고 있다.

이 책의 구성

  이 책의 1부는 정치의 기술을 소개하고, 정치의 기술에 대한 관심이 야기되는 상황을 보여주며, 오늘날의 조직 환경에서 살아남기 위해 왜 정치의 기술이 필요한지를 설명한다. 또한 여기서는 정치의 기술을 측정하는 방법을 보여주는데, 자신의 정치의 기술 수준을 평가할 수 있는 18가지 문항을 제공한다. 그리고 정치의 기술을 훈련하고 개발하는 방법들에 대해 논의해 본다.

   2부에서는 자기 계발과 직무 효율성의 증진을 위한 정치 기술의 사용 방법을 제시하고 있다. 취업, 직무와 성공적인 커리어 관리, 명성의 고양, 그리고 스트레스를 관리하고, 건강과 행복을 증진하는 방법을 제시하고 있다. 후반부에서는 리더십과 팀 성과를 통한 보다 높은 효율성을 달성하기 위해 조직이 정치의 기술을 사용하는 방법을 논의하고, 우리의 주장을 간략히 요약하는 것으로 마무리 짓는다.

   부록에는 직장에서의 업무 성과에 영향을 미치는 정치의 기술의 역할과 다른 요소들과의 관계에 대한 우리의 연구 결과들 중 일부 사항들을 살펴본다. 그리고 이 책 전반에 걸쳐, 이 분야에 대한 학술적 연구들을 참조하고 있는데, 정치의 기술에 대한 연구는 일반적인 상식들에 대한 세밀한 검토를 통해 적지 않은 도움을 받았다. 그 결과, 독자들은 우리의 연구에 대해 보다 큰 확신을 얻을 수 있을 것이다.

  독자 여러분들이 이 책을 효과적으로 읽기 위해서는 여러 가지 중요한 품성들을 지니고 있어야 하지만, 그 중에서도 제일 중요한 것은 정치의 기술이다.

  편안한 마음으로 우리가 제시하는 정치의 기술에 관한 사실들을 함께 나누길 바란다. 정치의 기술은 흥미로운 개념이며, 뛰어난 직무 성과를 위한 한 가지 도구이다. 이 책 전반에 걸쳐 정치의 기술을 어떻게 활용할 것인지를 설명할 것이다.

■ ■ ■ ■ ■
감사의글

이 책을 쓰는 작업은 대단한 경험이었다

우리는 20년 이상 조직의 정치학을 연구해 왔는데, 그 중 절반 이상의 기간은 정치의 기술 그 자체의 정의에 대해서이다. 많은 동료들이 우리의 연구를 도와왔으며, 우리의 이해를 정교하게 다듬는데 큰 도움을 주었다.

우리가 정치의 기술을 정의하고, 연구하며, 보다 나은 이해를 개발하기 위해 노력해 왔지만, 이 용어를 처음으로 쓴 것은 아니다. 조직행동 분야의 저명한 학자 제프리 페퍼Jeffrey Pfeffer 교수와 세계 경영학계의 거목 헨리 민츠버그Henry Mintzberg 교수는 1980년대 초에 조직 내의 힘난한 파도를 헤쳐 나가는 항해술로써 정치의 기술의 중요성에 대해 독립적인 글을 발표하였으며, 우리는 이 책 전반에 걸쳐 그들의 뛰어난 성과를 참조하고 있다. 수년 간에 걸친 우리의 연구에 대한 그들의 공헌에 대해 깊은 감사를 표하고 싶다.

이 책을 쓰는 작업은 대단한 경험이었다. 때로 힘겹기도 했고, 때로는 흥분되기도 했지만, 언제나 흥미로웠다. 그리고 이 작업은 가족의 일이기도 했는데, 페리Ferris와 페르위Perrewe는 부부이며, 데이비슨Davidson은 페리Ferris의 여동생이다. 플로리다 주 탤러해시와 뉴욕 간의 빈번한 여행과 전화 통화는 즐거움을 더해 주었다.

우리는 이 책을 쓰는 동안 크고 작은 도움을 준 좋은 친구들과 동료에게 감사를 표한다. 페리와 페르위는 그들의 개인 트레이너이며 엘리트 피트니스의 공동 소유주인 필 암셀럼과 웨이드 네틀에게 감사를 표하길 원한다. 매주 여러 차례 오후 5시의 운동 시간은 우리의 정신과 몸의 원기 회복에 큰 도움이 되었다.

그리고 책을 출판해 준 데이비스 블랙 출판사와 편집을 도와준 코니 캠백에게 가장 깊은 감사를 드린다. 코니의 간결한 요약 작업이 아니었으면 이 프로젝트는 성공하지 못했을 것이다. 데이비스 블랙 출판사 직원들의 전문가적 열정과 섬세함 그리고 우수한 책을 만들려는 노력에 다시 한 번 감사를 드린다.

■ ■ ■ ■
추천의글

정치의 기술은 현대인의 필수 역량이다

　20년이 넘도록 방송 활동을 하면서 참으로 많은 사람들을 만났다. 요즘은 주로 기업체 CEO와 고위 공직자들을 만나 사업을 주선하고 강의와 교육을 도와주고 있다. 일의 특성상 주로 성공적인 삶을 사는 사람들과 어울리게 된다. 그들의 공통점이 무엇일까 생각해 본다. 그들은 적극적이기도 하고 겸손하며, 열정적이며 맑은 미소를 지니고 있다. 과감하게 양보도 하고 예상치 못한 실수를 하면서 포기하지 않는다. 강인한 의지와 단호한 카리스마 뒤에는 부드럽고 자상한 배려의 힘도 배어 있다. 판단하기 어려운 상황에서 쉽게 결정을 하기도 하고, 때로는 쉬운 일에도 선뜻 나서지 않으며 대답하지 않는 이도 있다.

　이와 같은 여러 가지 능력을 한마디로 뭐라 표현할 수 있을까 망설이던 차에 홍석기 교수로부터 원고 한 뭉치를 전해 받았다. 별로 관심 갖지 않고 책상 위에 올려놓았다가 조용한 시간에 대충 훑어보면서 생각은 바뀌었다. 이 책을 빨리 출판하도록 독려하여 지금 만나는 사람들에게 책을 나누어 주어야겠다고 결심했다.

대인관계에서 어려움을 겪는 사람들, 사회적인 통찰력이 필요한 미래의 CEO들, 긴장과 스트레스 속에서 갈등과 고민에 빠져 있는 젊은이들, 인맥관리가 서투른 전문직 종사자들, 과연 무엇이 성공 요인이며 어떤 습관이 성공적인 삶을 이끌어 가는지 헷갈리고 있는 사람들에게 권하고 싶은 책이라고 생각했다.

다른 분야에 비해 발전의 속도가 느린 우리나라의 정치 때문에 정치의 기술은 의례 부정적인 의미로 이해하기 쉽다. 그러나 이 책에서 설명하는 정치의 기술에 대한 정의와 해석을 이해하고, 우수한 인재 채용이나 성과 향상을 위한 방법의 하나로 활용한다면 정치의 기술은 현대인의 필수 역량이라 할 수 있다. 명성을 드높이고 명예를 지키며, 리더십을 발휘하기 위해 '진실성'을 바탕으로 한 정치의 기술을 몸에 익힌다면 독자는 또 다른 삶의 가치를 맛보게 될 것이다. 말 한마디에 정성을 담고, 팀 구성원 개개인에게 사랑을 표현할 수 있는 관심이 정치의 기술이라고 하면 지나칠까?

부정적이고 비관적인 생각과 태도를 긍정적이고 낙관적인 정신과 행동으로 옮겨 줄 수 있는 전술이 필요하고, 불확실성에 대한 두려움을 확신에 찬 의지와 도전 정신으로 재무장할 수 있는 기술이 절실한 시대에 우리는 살고 있다. 정의와 진실의 테두리에서 유리상자를 깨지 못하는 일부 여성들에게 또 다른 정치의 기술이 있다면 더욱 멋진 미래를 꿈꿀 수 있음을 강조한다.

이 모든 전략과 기술을 아우르는 것이 바로 '정치의 기술'이다. 많은 분들의 탐독을 권한다.

JS Speech 아카데미 대표 이정신(前 KBS 아나운서)

차 례

프롤로그 4
감사의 글 9
추천의 글 11

1부 정치의 기술에 대한 이해

1. 정치의 기술이란 무엇인가? 21
   조직에서의 사회적 효율성이 왜 중요한가? 23
   정치의 기술이란 무엇인가? 26
   정치의 기술을 갖춘 사람들 42
   결론 45

2. 정치의 기술 측정 47
   정치기술 지수 48
   정치기술 지수 측정하기 49
   정치의 기술이 뛰어난 사람은 상황 파악이 빠르다 59
   정치의 기술에 대한 평가를 남에게 부탁하라 60
   결론 61

3. 정치의 기술 개발하기 63
　　정치의 기술 형성과 개발 65
　　여성과 소수 인종의 정치의 기술 결여 87
　　결론 92

2부　비즈니스에서의 효율적인 정치의 기술 활용

4. 우수한 인재의 채용과 선발 97
　　고용 절차 98
　　인맥을 통한 취업 106
　　결론 112

5. 성공적인 직무 수행과 커리어 관리 113
　　직무 성과란 무슨 의미인가? 115
　　뛰어난 직무 수행에 필요한 것 117
　　정치의 기술과 성과 평가 120
　　정치의 기술과 직무 성과에 대한 연구 결과 126
　　성공적인 커리어 관리란 어떤 의미인가? 129
　　결론 141

6. 자신에 대한 명성 드높이기 143
   명성이란 무엇인가? 144
   명성의 구성 요소들 146
   명성은 어떻게 전달되는가? 152
   명성이 어떻게 발전되는가? 153
   명성의 중요성 159
   결론 161

7. 직무 스트레스의 관리 163
   직무 스트레스의 원인 164
   직무 스트레스의 결과 165
   직무 스트레스에 대처하는 방법들 171
   정치 기술의 함의 176
   결론 181

8. 리더십 구축과 팀 성과 183
   리더십 비결의 주요 요소 184
   리더 스타일의 정치 기술과 불명확한 특성 185
   리더의 사회적 자원 186
   정치의 기술과 리더십의 커뮤니케이션 188

카리스마와 정치의 기술 196
정치의 기술과 최고경영자 198
정치인들의 정치의 기술 203
고등 교육에서의 정치의 기술 206
리더십, 정치의 기술 그리고 팀의 성과 208
결론 214

9. 정치의 기술 핵심 요약 217
현실 속의 정치의 기술 218
결론 221

부록: 정치의 기술과 다른 개념들 간의 관계 연구 결과 222

참고문헌 227
에필로그 234

1부

정치의 기술에 대한 이해

일러두기
본문에 자주 나오는 '정치의 기술'이라는 용어는 원문에서 "일을 하는데 있어서의 정치의 기술(Political Skill at Work)"이라고 표현하고 있으나, 이 책에서 제시하는 각종 업무처리 방법과 대책들이 단순한 기술(skill) 수준을 뛰어넘는 사고력, 인식과 의지, 태도 등을 나타내고 있으며, 역자는 '비즈니스의 정치력', '정치적 수단', '정치의 기술', '정치 기술' 등으로 독자의 이해를 돕기 위해 다양한 표현으로 활용하였음.

1. 정치의 기술이란 무엇인가

정치의 기술은 커튼 뒤에서의 조작이나 이기적 행동 혹은 무리와 집단을 통한 힘의 대결 등 왠지 음흉한 느낌을 주는 말이다. 물론 지금까지 사람들은 자신들의 지위나 권한 남용을 숨기기 위해 갖은 기술과 책략들을 사용해 왔지만, 그것들이 여기서 표현하고자 하는 '정치의 기술' 그 본래의 의미는 아니다.

우리는 보다 균형 잡힌 시각과 입장에서, 비즈니스에서의 '정치적 역량'을 효율적으로 활용하면서 일을 하고, 일상적으로 진행되는 직무 환경에서 신뢰를 바탕으로 한 인간관계를 창출하기 위한 기술들의 집합체로서 개괄적인 내용을 살펴보고자 한다. 진정한 정치의 기술은 긍정적인 힘이며, 오늘날 조직 내에서 맡은 직무를 성공적으로 수행하고 성공적인 경력관리(career success : 미래를 준비하기 위한 경력설계와 성공적인 경력관리, 역량강화와 자기계발 계획, 지식과 경험 축적, 인맥의 체계적인 구축 등을 말함. - 역자 주)를 해나가기 위한 필수 요소이다.

21세기의 비즈니스 환경에서 살아남으려면, 무엇을 어떻게 할지에 대해 민첩하고, 성실하게 그리고 확실한 방법으로 이해할 필요가 있다. 또한 우리 자신을 적절한 위치에 자리매김하고, 기회를 창출하거나 혹은 자신의 발전을 위한 이슈를 언제 어떻게 제기할지를 알아야 한다. 정치의 기술에서 흥미로운 점은 만일 여러분들이 그런 기술을 가지고 있다면, 마치 그런 기술이 없는 것처럼 보일 수도 있다는 것이다.

데일 도튼Dale Dauten이 〈시카고 트리뷴〉지에 기고한 칼럼에서 정치의 기술에 능숙한 사람은 일을 처리하는 것이 "자신이 아니라, 상대방의 능력으로 보이게 하는 것"이라고 하였다.(1996, p. 2) 좋은 일을 훌륭하게 처리하는 방식에는 진실이 담겨있고, 권위가 있으며, 숨김없는 행동으로 인식된다.

영향력이나 균형과 조화를 이룬 지원, 그리고 상대방의 마음 속에서 신뢰와 확신을 불러일으킴으로써 다른 사람들에게 바람직한 영향을 미칠 수 있는 것이 정치 기술의 핵심이다.

이 장에서 우리는 정치의 기술이 왜 그리고 어떻게 비즈니스에서의 성공과 업무 효율성에 절대적으로 결정적 요소가 되는지를 살펴본 뒤에 그러한 기술을 구성하는 기본 요소들을 제시하고자 한다.

조직에서의 사회적 효율성이 왜 중요한가?

지난 수십 년간 다양한 종류의 조직들이 거의 알아볼 수 없을 만큼 변화를 하였다. 세계화, 다운사이징, 구조 조정과 업무 재설계, 인수와 합병, 그리고 커뮤니케이션 기술의 발전 등은 조직들의 형태와 기능을 너무도 극적으로 변화시켰으며, 오늘날의 경영대학원들은 이러한 새로운 환경에서의 비즈니스 방식에 관한 이론들을 새로 만들어야 할 정도이다.(Daft & Lewin, 1993)

고전적인 이론들은 관료주의와 정책, 시스템 그리고 이를 작동시키는 특성들을 기반으로 하여 구축되었다. 전통적인 관료 체계는 계층들을 층층이 포개놓은 것이다. 위로 거슬러 올라가는 정보와 아래로 흘러내려가는 명령과 복종을 바탕으로 한 분업과 명령 사슬로 구성된다. 최근의 변화와 새로운 업무 조직들로 인해 팀 구성원들, 상급자 및 부하 직원은 물론 경쟁자들, 그리고 직원들과 고객들 간의 상호 관계는 일정한 형태로 구조화되어 있지 않으면서도 직접적인 역할과 작용이 이루어지고 있다.

다른 사람들과 더불어 일하지 않고서는, 그리고 남들을 설득시키는데 뛰어나지 않고서는 직무를 잘 수행하고 있다고 말하기가 더욱 어려워지고 있다. 새로운 조직 이론을 간략히 살펴보는 것만으로 이러한 사회적 메커니즘 속에서 정치적 행위의 중요성을 충분히 알 수 있다.

직무와 적성에 대한 새로운 정의

본질적으로 오늘날 조직의 변화는 직무라는 용어 자체를 다시 정의하게 만든다. 과거 고정되고 정적인 의무와 임무의 수행과는 달리, 최근의 조직 구성원들은 급변하는 상황에 적응하기 위해 역동적이고, 유연하며, 끊임없이 변화하는 역할들을 소화해야만 한다.(Cascio, 1995)

업무는 그룹 또는 팀 수준에서 조직되며, 사람들은 상품과 서비스의 생산을 위해 협력하고 서로 의존하면서 교류해야 한다. 이러한 환경에 효과적으로 대처하기 위해 필요한 지식과 기술, 그리고 다양한 능력은 점점 더 사회적이고 정치적으로 변화하고 있다. 여전히 한 가지 영역의 전문가라는 명찰을 붙인 연구자들, 즉 엔지니어, 컴퓨터 프로그래머, 생물학자 등은 직무 그 자체에 대해 충분히 알고 있어야 하지만, 그 정도의 지식만으로는 현대 사회의 경쟁력을 갖추는데 있어서 충분하지가 않다.

점점 더 많은 조직들이 적응 능력을 우선적으로 고려하면서 직무들을 재구성함으로써 업무의 질적인 변화에 대응하고 있다. 적응 능력이란 입사 지원자가 팀이나 그룹 그리고 조직 전반의 문화가 지닌 특질과 성격에 얼마나 부합하는지를 평가하는 것이다.

특정한 직위의 업무와 의무가 직원 선발의 기준점이 될 수 있지만, 지원자의 신념이나 가치 그리고 개인적 자질이 팀, 그룹 그리고 조직 문화와 융화될 수 있어야만 한다. 그렇지 않다면, 그 지원자는 채용되지 않을 것이다.

보다 중요한 것은 대부분의 의사결정이 매우 신속하게 진행되므로, 직무 수행에 필요한 자질들을 갖추었다는 것만으로는 지원하는 직무에 채용될 것을 보장해 주지 못한다는 점이다. 해당 직무에 확실히 적합한 사람으로 보여야만 하며, 이것은 순전히 비즈니스에서의 정치의 기술에 달려 있다.

일에 대한 재검토

전통적인 의미에서, '직무를 수행한다는 것'은 우리가 책임지고 있는 부분에 대한 분명한 성과를 이루기 위해, 특정한 기술적 과업이나 의무를 규정된 직무 범위 안에서 수행하는 것이었다. 전에는 공식적으로 언급되거나 요구된 바가 없지만, 그럼에도 불구하고 조직에 의해 평가되는 요소는 업무성과 측면에서의 다양한 인간관계와 사회성, 그리고 동기부여 등으로 확장되고 있다.

업무성과에 관한 현대적 의미는 두 가지 범주로 구성된다. 먼저 직무설명서에 제시하고 있는 전통적 요소인 '직무 수행성과'와 조직의 사회적 구조를 지탱하는 것으로 모든 업무에 공통적으로 내재된 요소인 '상황적 수행성과'가 있다.(Borman & Motowildo, 1993)

이 두 번째 범주에서의 주요한 구성 요소는 대인 관계의 효율성, 즉 상급자와 동료 그리고 조직 내 다른 사람들과 좋은 관계를 유지하는 것이다.(Murphy & Cleveland, 1995) 상황적 수행성과는 또한 자원 봉사, 협력과 지원, 협동, 규율 준수, 인내심과 끈기 등을 포함한다.

월터 보먼Walter Borman과 그의 동료들(2003)이 지적하였듯이, 연구 활동이나 현장 조사 등에 의하면 모든 직무수행에 있어서 이러한 유형의 행동들은 직원들의 성과에 대한 상급자의 평가에 영향을 미치며, 그러한 상황적 수행성과가 일어나는 것에서 확실히 사회적 효율성을 보여주고 있다. 보먼은 두 가지 유형의 처리 능력은 다양한 측정 방식에 의해 사전에 미리 예측될 수 있다고 주장한다.

직무 수행성과는 지능이나 인식 능력에 의해 측정되며, 상황적 수행성과는 사회적 효율성과 인간성에 의해 측정된다. 우리는 이러한 복잡한 측정 방식들을 여기에서 제시할 수는 없지만, 정치의 기술이 직무 성과에 있어서 직무 수행성과와 상황적 수행성과 모두에 대한 뛰어난 예측 수단이 되고 있다.

정치의 기술이란 무엇인가?

조직이라는 것은 정치의 영역이다. 우리 주위에서 쉽게 관찰되는 것처럼 비공식적인 협상과 조정, 거래 성사, 우호 증진, 제휴나 동맹 구축 등 이 모든 것은 일을 처리해 나가는 방식이다. 이와 같은 업무처리는 비정형화된 환경에서 복잡하고 다양하게 진행되며, 어떤 사람들은 그 목적을 달성하고, 어떤 사람들은 실패하는지를 구분 짓는 특질들을 한마디로 정의하기는 쉽지 않다.

일부 사람들은 그러한 자질을 대인 관계 스타일, 수완, 사교성 혹은 정치의 기술이라고 말한다. 정치 기술의 구성 요소들은 무엇이며, 그것들을 어떻게 식별할 수 있는가? 이를 측정하고, 다른 사람들과의 관계에서 실제로 응용하고 개발하는데 있어서 일화나 풍자를 넘어서서 정치의 기술에 대해 아직까지 보다 명확한 개념을 정립하기 위한 노력과 시도는 거의 없었다.

직무 수행, 효율성 그리고 성공적인 경력 관리가 부분적으로 지능과 노력에 달려있기는 하지만, 사회적 통찰력이나 포지셔닝 그리고 수완과 같은 역량들도 중요한 역할을 수행하는 요소이다.

서로 독립적으로 연구를 진행한 미국의 스탠포드대학 제프리 페퍼Jeffrey Pfeffer(1981) 교수와 캐나다의 맥길대학 헨리 민츠버그Henry Mintzberg(1983) 교수에 의해, '정치의 기술'이란 용어가 처음 등장했을 때, 이는 성공적인 삶을 위해 요구되는 적합한 능력으로 설득과 조작 그리고 협상을 통해 영향력을 행사하는 것과 관련이 있는 것으로 인식되었다.

그러나 정치의 기술이라는 개념의 어원은 좀더 거슬러 올라간다. 그 역사적 뿌리는 1900년대 초 뉴욕에서 활동한 심리학자 손다이크E. L. Thorndike와 기업가 데일 카네기Dale Carnegie로부터 출발한다. 손다이크(1920)는 '사회적 지능social intelligence'라는 개념을 도입했는데, 이는 사람들을 이해하고, 그러한 이해를 기반으로 사람들에게 영향력을 미치는 것을 가리킨다.

카네기(1936)는 지금까지도 유명한 강좌로 꼽히는 대인 관계에서의 효율성에 대한 교육과정에서 다른 사람들과 더불어 일하는데 필요한 근본적인 원칙들을 가르쳤다. 이러한 과학적이고 실질적인 교육들은 조직 내에서 사회성과 대인 관계의 적응 능력, 특히 정치의 기술의 중요성을 알리기 위한 초석이 되었다.

정 의

우리는 정치의 기술을 업무적인 면에서 다른 사람들을 이해하고, 다른 사람들이 개인이나 조직의 목표를 확장하는데 필요한 행동을 하도록 영향력을 발휘하기 위한 지식을 활용하는 것으로 정의한다. 즉 정치의 기술을 지닌 사람들은 사회적 통찰력과 그러한 능력을 결합하여 성실하고 지지와 신뢰를 얻으며, 따라서 다른 사람들의 대응에 영향을 미칠 수 있는 방식으로 다양하게 변화하는 상황의 요구에 그들의 행동을 적응시켜 나간다.

정치적 자질을 갖춘 사람들은 인격적인 안정감과 자신감으로, 다른 사람들에게 편안한 느낌을 준다. 자신감이 교만으로 흘러가는 경우는 결코 없다. 긍정적 태도를 보이며 적절한 수준을 언제나 유지한다. 그러므로 정치적으로 뛰어난 이들은 자신감을 가지며 자기 지향적이 아니라, 다른 사람들을 향하고 있으며, 자기중심적이거나 내향적이지 않다.

이를 통해, 적절한 균형과 관점을 유지하고, 다른 사람들과 그들 자신에 대한 건강한 잣대를 유지한다. 사실 이는 '자신감'의 개념에 관한 하버드대학교 경영대학원 칸터Rosabeth Moss Kanter 교수의 논의와 비슷한데, 칸터 교수에 따르면, 자신감은 적절한 균형을 갖춤으로써, 전체적인 조망 능력을 잃거나 자기만족으로 인한 교만이나 지나친 자부심으로 흐르지 않음을 의미한다.(2004)

높은 정치적 자질을 갖춘 사람들은 비즈니스 공간의 사회적 환경 속에서 무엇을 해야 할지를 정확히 알 뿐 아니라, 감추어진 이기적인 동기들을 드러내지 않고, 성실한 태도를 보이면서 이를 수행하는 방법을 알고 있다고 믿는다.

정치의 기술은 감추어진 이기적 동기들을 갖고 있다고 주장하는 것이 아니라, 그들의 근본적인 동기가 무엇이든 상관없이 표면에 드러난 그들의 행동은 동일하다는 점을 주지하기 바란다. 정치의 기술은 도구이다. 이러한 도구 없이는 성실할 수도, 공통의 목적을 위해 헌신적일 수도 없으며, 사람들은 동기에 의심을 품고 점점 멀어지게 된다.

또한 우리는 정치의 기술을 지능이나 인식 능력과는 별개로 보며, 그것은 서로 다른 종류의 능력으로써 예민한 정신에 의존하지 않는 것이기 때문이다. 물론 한 사람에게서 여러 가지 역량이 동시에 발현될 수는 있지만, 정치적 자질이 매우 뛰어난 사람이라도 반드시 비상한 지능을 갖춘 것은 아니다.

간혹 보통의 혹은 그 이하의 지능을 지닌 사람이라도, 정치적으로 매우 뛰어난 수완을 가질 수 있으며, 반대로 높은 지능을 갖춘 사람이 정치의 기술 측면에서는 아주 조악한 수준일 수 있다. 정치의 기술 발달 측면에서 볼 때, 우리는 일부 기술들은 선험적으로 타고 나는 것이며, 나머지는 정규적 혹은 비정규적 학습과 훈련 과정을 통해 개발될 수 있다고 믿는다.

정치의 기술 요인들

직무에서 일어나는 상호 작용에 대해 주의 깊게 관찰한 결과, 특히 정치의 기술에 대해 우리가 알고 있는 점을 감안하여 몇 가지 중요한 요소들을 살펴볼 수 있다.

그것은 바로 사회적 통찰력, 대인관계 영향력, 인맥관리 능력 그리고 진실성이다. 사회적 통찰력(다른 사람들의 마음을 읽고 이해하는 능력)과 대인관계 영향력(원하는 것을 얻기 위해, 사회적 통찰력으로 습득한 지식을 기반으로 행동할 수 있는 능력)이 우선하지만, 관계형성과 연결, 교우관계, 네트워크, 동맹과 제휴를 구축할 수 있는 능력도 조직의 정치적 바다를 항해하는데 필수적이다.

조직 생활에 관해 연구해 온 많은 학자들은 이러한 측면들을 강조해 왔다. 제프리 페퍼 교수는 "커넥션과 동맹을 구축하는 것은 영향력을 개발하고 행사하는데 있어 매우 중요하다."라고 말했다.(1992, p. 175) 프레드 루탄스Fred Luthans 교수는 "네트워킹은 상호 연결된 혹은 협동하는 개인들 간의 시스템이다. 이것은 권력의 동력학과 사회 정치 기술의 이용과 긴밀하게 연관되어 있다."고 말했다.(Luthans, Hodgetts, & Rosenkrantz, 1988, pp. 119-120) 루탄스 교수는 성공한 경영자들이 가장 많은 관심을 가지고 시간을 투자한 것이 네트워킹과 관련된 활동들임에 주목했다.

정치의 기술에서 가장 핵심적인 측면은 진정성 혹은 진실성이다. 다른 사람들의 신뢰와 믿음을 불러일으키기 위해서는 우리들이 무엇을 하는가가 아니라, 어떻게 하는가와 관련이 있다. 즉 진실하고 성실한 태도로 감추어진 동기 없이 다른 사람들에게 영향력을 발휘하려는 시도이다.

데일 카네기는 그의 베스트셀러인 〈인간관계론 *How to Win Friends and Influence People*〉에서 사람들이 자신을 좋아하게 만드는 첫번째 원칙으로 남들에게 진실하게 대하라고 하였다. 카네기의 주장은 그 동안 숱한 논의와 발전이 있었으며, 이는 리차드 스텡글 Richard Stengel의 남들에게 영향력을 발휘하기 위한 조언인 "단점을 찾지 말고, 고집하지 말며, 기회가 닿는 대로 사람들과 대화를 나누며, 진실한 태도를 유지하라."로 요약될 수 있다.(2000, p. 203) 카네기는 효과적인 영향력의 전제 조건은 우호감이며, 이후의 많은 연구자들 역시 그것이 영향력을 발휘하기 위한 중요한 요인이라는 데 동의해 왔다.

정치의 기술의 네 가지 결정적 요인은 다음과 같다.

- **사회적 통찰력**(Social Astuteness)
- **대인관계 영향력**(Interpersonal Influence)

- **인맥관리 능력**(Networking Ability)
- **진실성**(Apparent Sincerity)

사회적 통찰력   정치의 기술을 갖춘 사람들은 예민한 관찰자이며, 다양한 사회적 상황에 민첩하게 대처한다. 그들은 사회적 상호작용을 이해하며, 다양한 상황 속에서 다른 사람들과 자신의 행동을 정확히 해석한다. 그들은 강력한 사회적 통찰력을 지니고 있으며 자신을 잘 이해하고 있다. 이러한 특성은 '다른 사람들에 대한 민감성'으로 언급되어 왔으며, 페퍼 교수는 "아이러니하지만, 내가 원하는 것을 얻기 위해서는 다른 사람이 필요로 하는 것이 무엇인지 알아야만 한다."라고 강조하였다.(1992, p.173) 사회적 통찰력을 갖춘 사람들은 사람을 다루는 데 비범한 재능이 있는 것처럼 보인다.

대인관계 영향력   정치의 기술을 갖춘 사람들은 그들 주위에 있는 사람들에게 강력한 영향력을 발휘하는 미묘하면서도 확고한 인격적 특성을 가진다. 대인 관계에서의 뛰어난 영향력을 갖춘 사람들은 탁월한 유연성을 통해, 그들의 행동을 각각의 상황에 적절하게 적응시키고, 과녁을 정확히 맞춤으로써, 다른 사람들로부터 원하는 응답을 유도해낸다. 대인관계 영향력을 발휘하는데 필요한 유연성의 한 가지 특질은 '궁극적인 목표에 초점을 두고, 특정한 상황 변화에 감정적으로 동요하지 않는 것'과 관련이 있다.(Pfeffer, 1992, p. 176)

대인관계 영향력이 뛰어난 이들은 언제나 즐겁고 생산적으로 보이며, 그러한 행동들을 통해 주변 환경을 통제한다. 이들이 항상 외견상 그렇게 행동함으로써 정치적으로 보이는 것은 아니지만, 그들은 정치적 게임을 공정하고 별다른 노력 없이 수행할 수 있는 유능한 리더로 보인다. 이러한 품위있는 정치적 스타일은 조직 내에서 부정적이기보다는 긍정적인 힘으로 보여진다.

인맥관리 능력 강력한 정치의 기술을 갖춘 사람들은 광범위한 인적 네트워크를 개발하고 이용하는데 능숙하다. 이러한 네트워크 내의 사람들은 개인적 조직적 성공에 필요한 소중한 자원들을 보유하고 있다.

정치의 기술을 갖춘 사람들은 어렵지 않게 교우관계를 형성하고 개발하며, 강력한 상호 호혜적 동맹을 구축한다. 나아가 인맥관리 능력이 뛰어난 이들은 기회를 창출하고 그 이점을 취할 수 있는 위치를 만들어간다.(Pfeffer, 1992) 주고받는 것Quid pro quo에 대해 능숙한 전문가들은 종종 탁월한 협상가이자, 거래의 조율자이며, 갈등 관리에 뛰어난 수완을 발휘한다.

이러한 용어들이 의미하는 것처럼, 그들의 행동들이 차갑고 조작적으로 들릴지도 모르지만, 그럼에도 불구하고 그들의 존재는 필수적이다. 왓킨스Watkins와 배저먼Bazerman은 "중역들은 정치적 의사 결정에 영향을 미치기 위해 비공식적인 자문 네트워크와 공식적인 제휴, 두 가지 측면에서 훌륭한 네트워크를 구축할 필요가 있

다."고 지적하였다.(2003, p. 80)

　정치의 기술을 지닌 사람들은 존경받는 일 자체를 즐기고 있으며, 일반적으로 그들의 네트워크에 참여하는 사람들이 선호하는 품성을 지니며, 자신의 아이디어에 대해 좋은 평가와 반응이 있음을 느끼게 되고, 중요한 정보에 접근할 기회가 늘어나며, 네트워크에 참여하는 사람들간의 협동과 신뢰가 증가하는 것과 같은 유형의 중요한 이점들을 얻게 된다.

　그들은 부탁을 하기 위해 다른 사람들에게 언제 전화를 해야 하는지 그리고 그들이 그에 대해 보답할 의사가 있는 것으로 인식되어야 할 때를 알고 있다. 또한 그들은 주위 사람들로부터 헌신적 도움과 개인적인 의무감을 불러일으킨다. 간단히 말해, 정치의 기술이 있는 사람들은 높은 수준의 사회적 자원을 보유하고 있으며, 이를 통해 그들의 명성을 드높이고, 영향력을 확대한다.

진실성　정치의 기술이 뛰어난 사람들은 정직성, 신뢰성, 진실성 그리고 성실함을 보인다. 그들은 적어도 표면상으로는 정직하고, 열려 있으며, 솔직하다. 정치 기술의 이러한 측면은 영향력 발휘의 성공 여부를 결정짓는 핵심으로 이것은 어떤 문제에서의 행동이 인지된 의도에 초점을 맞추기 때문이다. 타인에게 인식된 의도나 동기는 다른 여러 가지 형태로 반응이 나타나는데, 이는 정치의 기술에 달려 있다.

　가령 퇴근 후에 업무를 도와주겠다는 당신의 제의를 목표 달성을 위한 성실성으로 판단한다면 바람직한 시민 정신으로 받아들여질 수도 있고, 뭔가 반대급부를 노리고 있다고 판단한다면 정치적 행위로 인식될 수도 있다.(이 결론은 상식적이며, 연구 결과에 의해서도 확인되고 있다. Bolino, 1999) 다른 사람에게 영향력을 발휘하고자 하면, 그들로부터 어떤 숨겨진 동기가 없다고 인식될 때에만 성공할 수 있다.

진실성이 있는 사람들은 그들의 행동이 조작적이거나 강제적인 모습으로 보여지지 않으므로, 다른 사람들의 신뢰와 확신을 불러일으킨다. 그들의 전술은 흔히 미묘하지만, 동기는 이기적으로 보이지 않는다. 필요에 따라 은닉된 동기를 위장할 수도 있지만, 다른 사람들은 그들을 위선적이라고 말하지 않는다. 오히려 그들이 자신의 생각이나 의견을 정확히 주장하는 모습으로 비쳐진다.

루돌프 줄리아니Rudolph W. Giuliani는 〈리더십Leadership〉(2002)이라는 책에서 자신을 "보이는 만큼 믿는 법이다. What you see is what you get."이라는 표현으로 설명되는 공격적 스타일의 철저한 리더로 설명하고 있다. 2001년 9·11 테러 사건 당시 뉴욕 시장이었던 그는 그 사건의 수습과정에서 보여준 리더십을 통해 '미국의 시장'이자 '세계의 시장'이라는 호칭을 얻게 되었다. (Purnick, 2004, p.1)

줄리아니는 정치의 기술을 갖춘, 성실하고 진실된 사람으로 남들에게 보여진 사례이다. 그가 진정으로 진실하고 순수한 사람인지의 여부가 요점은 아니다. 성실하고 진실하면서도 비열하고 이기적으로 비쳐지기도 하며, 그 반대의 경우도 가능하다. 바탕에 있는 진실이 무엇이든 간에, 다른 사람들의 신뢰와 신임을 불러일으키기 위해서는 정치의 기술이 필요하다는 점이다.

정치의 기술이 다른 개념들과 어떻게 다른가

연구자들은 다른 분야에서 정치의 기술과 유사하게 활용되는 개념들은 어떤 차이가 있으며, 비슷한 점은 무엇인지 평가해 볼 필요가 있음을 깨달았다. 이에 대한 논의를 살펴보자. 우리가 보건데 정치의 기술이란 인격적 특성, 자기 모니터링, 영향력 그리고 신중함과 같은 사회적 효율성 혹은 대인 관계의 민감성을 측정하기 위한 다른 개념의 요소들과 무관하지 않다는 것이다.

결국 정치의 기술이란 다른 사람들이 일하는 방식에 효과적으로 영향력을 발휘하는 능력을 반영한다. 그러므로 그것은 교환, 상사로부터 인정받고 관심끌기, 제휴 관계의 구축 등의 전술과 같은 특정한 유형의 영향력과 관련이 있다. 단호한 것과는 거리가 좀 있다.

교환은 호의를 주고받는 것이다. 상사로부터 인정받고 관심끌기 전술은 조직 내 고위층의 지지를 획득하려는 노력이며, 제휴 관계의 구축은 동료 혹은 부하 직원들의 지지를 확보하는 것이다. 단호함이란 요구, 명령, 마감 시한의 설정, 그리고 점검과 감독을 통해 영향력을 행사하는 것이다. 정치의 기술이 뛰어난 사람들은 이와 같이 다른 사람들에게 영향력을 미치는 여러 가지 전술을 아주 효과적으로 행사하고 있다는 것이다.

나아가 우리는 정치의 기술이 자신감이 넘치고 개인적인 안정감을 증가시킨다고 믿는데, 이는 그러한 사람들이 비즈니스 현장에서 움직이는 각종 활동에 대한 관리능력이 더 크기 때문이다. 향상된 자신감과 관리능력을 통해 높은 수준의 정치의 기술을 갖춘 사람들은 비즈니스 현장에서 스트레스와 근심을 훨씬 적게 받는다. 결론적으로 정치의 기술은 스트레스의 부정적 결과에 대한 일종의 항생제 역할도 한다.

감성 지능은 지난 10여 년간 잡지와 비즈니스 연구 논문 등에서 높은 관심을 끌었는데, 이는 다니엘 골먼Daniel Goleman(1995, 1998)의 베스트셀러 덕분이다. 감성 지능은 대인 관계에서의 효용성, 영향력 그리고 관리능력 등 감정을 기반으로 한 측면에 초점이 맞추어져 있다. 역으로, 우리는 정치의 기술이 통합적인 지식이자 감성의 영역을 넘어선 것으로 간주한다. 그러므로 감성적 지능이 정치의 기술과 우호적인 관계를 갖지만, 완전히 겹치거나 중복될 정도로 긴밀하지는 않다고 생각한다.

일부 사람들은 정치의 기술과 같은 능력을 단순히 지능의 한 가지 기능으로 간주하며, 지적인 사람들이 그러한 능력을 보다 많이 가진 것이라고 주장하기도 한다. 앞에서 살펴보았듯이, 우리는 그러한 관점에 동의하지 않으며, 정치의 기술이란 지능이나 인식 능력과는 전혀 관계가 없음을 제안하고자 한다.

외견상으로 정치의 기술과 사회적 기술은 유사하게 보일 수도 있지만, 개념적으론 다르다고 본다. 사회적 기술은 일반적으로 커뮤니케이션 능력과 다른 사람들과의 상호 작용에 필요한 안정감과 편안함, 일관성 등과 관련이 있다. 정치의 기술은 우리가 정의한 바와 같이 상호 작용에서의 단순한 편안함이나 편리함 이상의 것이다. 그것은 개인과 조직의 목표를 성취하기 위해, 다른 사람들과의 상호 작용에서 영향력을 발휘하는 방식으로 관리하는데 초점을 둔다.

정치의 기술과 영향력 행사 과정

조직 정치학에 대한 연구의 규모가 커지고 증가하는 과정에 있지만, 영향력 있는 사람들에 대한 정치의 기술을 평가하려는 시도는 거의 없었으며, 우리들은 영향력을 행사하려는 시도의 성공과 실패 요인에 대한 의문을 풀 수 없었다. 사실 대부분의 연구들은 영향력을 행사한 것만큼 그 효과가 있다고 간주해 왔다. 그러나 주변 환경이나 상황을 고려하지 않고, 사람들이 시도하는 특정한 영향력 전술이나 정치적 행동만으로는 그 연구가 충분할 수 없다. 정치의 기술은 특정한 상황에서 선택하는 전술과 그러한 전술의 성공적 수행 모두를 결정하는 것이다.

정치의 기술은 조직 내의 영향력 행사 과정에서 다양한 방식으로 작용하며, 그 성공을 보증한다. 높은 정치의 기술을 지닌 사람들은 각각의 상황에 적합한 영향력을 미치는 전술 혹은 전략을 기민하게 알아채지만, 그것만으로는 충분하지 않다. 수완이 좋은 사람들은 또한 각자 선택한 전술 혹은 전략을 적절한 방식으로 수행함으로써, 필요로 하는 효과를 달성하고, 따라서 영향력을 성공적으로 발휘하고 있다.

예를 들어 환심사기와 자기선전이라는 두 가지 일반적인 영향력 전술을 살펴보자. 이들 전술은 선택과 실행에서 우리가 보여주는 정치의 기술의 높고 낮음에 따라, 영향력을 행사하려는 다른 사람들로 하여금 완전히 다르게 인식하고 해석하게 만든다.

환심사기 환심사기 또는 환심을 얻고자 하는 것은 우리들로 하여금 다른 사람들과 '사이좋게' 지내고, 다른 사람들도 마찬가지로 우리를 좋아하게 만들기 위한 행동들을 말하는데, 그 자체가 목적이 되기도 하며, 또는 어떤 다른 보상이나 이익으로 연결되는 통로를 만들기 위한 도구로 쓰이기도 한다. 이러한 노력들은 단순히 환심사기로 간주되기도 하지만, 우리는 리처드 스텡글Richard Stengel이 말한 '전략적 칭찬, 목적을 가진 칭찬'(2000)이라는 정의를 좋아한다.

스텡글은 또한 "그것은 과장되거나 부풀려질 수도 있으며, 혹은 정확하고 신뢰할 만한 것일 수도 있다. 그러나 그것은 동기가 무엇이든 간에 어떤 결과를 추구하는 칭찬이다. 그것은 우리 자신의 이익을 위해 다른 사람들의 고양감을 이용하는 진실의 조작이다. 그러나 그것이 오히려 진정한 칭찬일 수도 있다."라고 하였다.(pp. 14-15)

환심사기는 어떤 결과를 성취하거나 획득하기 위한 전략적 노력이다. 이 방식을 이용하는 사람들은 환심사기가 상대방에게 어떻게 인식될지를 고려해야 하는데, 이는 얼마나 효과적으로 제시할지에 달린 문제이다. 본질적으로 환심을 사려고 한다는 것은 영향력을 행사하려는 시도이며, 가끔 위선적일 수도 있지만 효과를 얻기 위해서는 진실된 것으로 보여야만 한다.

정치의 기술은 성공적인 환심사기와 상대방에게 아부로 간주되어 거부당한 시도를 구분하게 만드는 경계선에 있다. 즉 완전히 똑같은 행동과 말이라도 긍정적으로도 ("멋진 친구군."), 부정적으로도 ("날 현혹하려 드는군.") 보일 수 있다.

또한 환심을 사려는 사람이 어떤 숨겨진 동기를 내색하지 않고 목표를 현혹하는데, 성공하는 경우에도 상대방 주변의 인물들, 가령 동료나 기타 관찰자들은 쉽게 환심꾼의 진정한 의도를 파악한다.

자기선전 자기선전은 자신의 능력을 강조하려는 목적으로 자신이 얼마나 유능한 사람인가를 나타내고, 과거의 대단한 성공과 미래의 가능성을 보여주는 것이다. 하지만 오늘날의 서구 문화 속에서의 자기선전은 다소 까다로운 일이므로, 다른 사람들의 거부 반응을 불러일으키지 않도록 주의해야 한다. 자기선전이 미약하면, 사회의 낙오자로 비칠 수가 있으며, 너무 강조하면 거만하고 사기성이 짙으며, 자기도취에 빠진 사람으로 보일 수 있다.

자기선전을 얼마나 훌륭하게 수행하는지 여부는 정치의 기술에 달려 있다. 정치의 기술이 낮은 사람들은 눈앞의 목표를 얻기 위해 무슨 짓이든 할 수 있는 시시한 허풍장이로 비춰질 수 있다. 아이러니 하지만, 정치의 기술이 뛰어난 사람은 전혀 정치의 기술이 없는 사람으로 보인다. 즉 그들은 진실하고, 성실하며, 숨김없는 사람들로 간주된다.

흥미로운 점은 최근 들어 자기선전이 다소 주춤해지고 있다는 점이다. 직장에서 자기 자랑은 매우 부적절하고 어리석은 일로 여겨지고 있는데도, 일부는 자기 자랑이 바람직한 일이며, 두각을 나타내고 우호적인 평가를 받기 위한 필수 요건이라 주장하기도 한다. 페기 클라우스Peggy Klaus는 그의 책 〈자기자랑! 불지 않고도 자신의 나팔을 울릴 수 있는 기술Brag! The Art of Tooting Your Own Horn Without Blowing It〉(2003)에서 자기자랑이야말로 현대 직장 생활에서 없어서 안 될 요소라 주장했다.

자기자랑 없이 침묵만 지키고 있다면, 아무도 당신에게 눈길을 주지 않을 것이며, 자신의 공(功)을 남들이 가로채 가기도 할 것이다. 도널드 트럼프Donald Trump는 뛰어난 자기선전가로 알려져 있는데, 그의 성공은 두말할 나위가 없다.

행동으로서의 정치의 기술 환심사기와 자기선전에 관한 모든 논의에 있어서 분명한 점은 그 성공 여부가 대부분 영향력을 발휘하는 방법과 같은 전달 방식에 달려 있다는 점이다. 이러한 기술들을 이용하여 다른 사람들로부터 정직한 칭찬, 자신의 장점에 대한 확신에 찬 그러나 겸손한 인식과 같은 우호적 관심을 얻을 수 있다면, 정치의 기술은 뛰어난 것이다. 정치의 기술이 없다면, 환심사기와 자기선전 노력이 위선이나 거만함 그리고 기만으로 해석될 것이다. 모두가 싫어하는 것들이다.

정치의 기술은 직장에서의 환심사기와 자기선전의 성공을 위한 필수적 요소이다. 우리는 올바른 일을, 올바른 시간에, 올바른 방식으로 수행해야만 한다. 즉 정치의 기술을 갖춘 사람들은 기민하게 상황을 파악하며, 해당 상황에 적합한 방법과 기술을 결정한 뒤, 완벽하게 이를 수행한다. 그들은 단지 한 두 가지 전술을 익히고, 이를 매사에 적용하는 것이 아니다. 왜냐하면, 특정한 상황에 적합하지 않은 전술은 제 아무리 완벽하게 실행되더라도 실패가 예정되어 있기 때문이다.

탁월한 정치의 기술을 갖춘 사람들은 영향력을 발휘할 수 있는 전략들을 창출하기 위해 하나 혹은 둘 이상의 전술을 선택적으로 적용할 수 있는 전술 포트폴리오를 갖추고 있다.

정치의 기술을 갖춘 사람들

정치의 기술을 시시각각으로 변하는 상황 속에서 정의하려면, 몇 가지 예들을 살펴보는 것이 필요하다. 숨겨진 의도를 가진 것처럼 보이는 사람들은 아마도 영향력이 뛰어난 사람들이 아니다. 그들이

> ### 엘 고어와 빌 클린턴
>
> 앨 고어 전 미국 부통령은 매우 뛰어난 사람이지만, 융통성이 없거나 혹은 가면을 쓴 듯한 모습으로 비춰졌으며, 정치의 기술이 단순히 지능의 문제가 아니라, 지능과는 매우 다른 것임을 입증해 주었다. 이미 말했지만, 사람이란 어느 한 분야에 특출 한 재능을 지녔어도, 다른 분야에서는 문외한이 될 수 있는데, 앨 고어야말로 생생한 표본이다. 아마도 그는 정직하며, 긍정적인 방향으로 영향력을 발휘하려는 사려 깊은 사람이며, 사람들이 그의 생각을 신뢰하고 따르도록 영감을 불어넣었을 것이다. 불행히도, 대통령 선거에서 그는 강을 건너가지 못했다. 그는 빌 클린턴의 성실하고, 진실한 대중적 이미지를 계승하지 못했는데, 클린턴의 그러한 이미지는 임기 후반부의 숱한 잡음들 속에서도 빛을 잃지 않았다.

스스로를 정치적 조율자로 여길지 몰라도, 실제로는 정치 기술의 수준이 낮은 사람들이다.

실제로 높은 수준의 정치의 기술을 가진 사람은 그들의 말과 행동에서 성실하고, 진실하며, 진정으로 보인다. 그들은 사람들에게 영향력을 행사하려는 것으로 전혀 보이지 않는다. 반대로 훌륭하고 고귀한 의도를 가지고 있음에도, 정치의 기술이 부족하여 남들로부터 편안함과 신뢰를 불러일으키지 못하는 경우도 있을 수 있다.

미국의 대중들은 필사적으로 그들의 리더로부터 편안함과 신뢰감을 추구하며, 리더들이 실제로도 보이는 것처럼 성실하고 진실할 것으로 믿는다. 그러나 하버드 대학교 심리학과 하워드 가드너Howard Gardner 교수가 주목하였듯이, "진실을 갈구하는 모습조차도 가식으로 꾸며질 수 있는 반면 (훌륭한 배우는 진실성을 가장하는 방법을 알고 있다) 많은 '성실한' 사람들은 무대에서 조명 불빛을 받으면 겁에 질린 아마추어로 보인다."(1995, p. 60)

확실히 지성과 정치의 기술, 모두 가치 있지만, 많은 경우 IQ보다 정치의 기술이 성공에 이르는 보다 확실한 길이다.

드라마 〈브로드캐스트 뉴스Broadcast News〉의 등장인물들

정치의 기술이 본래 뛰어난 사람이나 또는 낮은 사람들이 무대나 영화 속에서도 등장한다. 가장 훌륭한 사례 중의 하나는 1987년 히트한 〈브로드캐스트 뉴스Broadcast News〉이다. 윌리엄 허트William Hurt가 연기한 톰 그루닉Tom Grunick은 매력적이고 정치의 기술을 갖춘 뉴스 앵커였지만, 자신이 보도하는 뉴스의 원고를 쓰거나 심지어 이해할 수 있는 지성조차도 갖추기 못했다.

뉴스 앵커로서의 톰은 많은 사랑을 받았다. 그는 열의에 차고 성실하며 진지한 사람으로 방송 뉴스에 등장한다. 낮은 IQ에도 불구하고, 그는 정치의 기술로 성공을 거두었다. 반면에, 앨버트 브룩스Albert Brooks가 연기한 애론 앨트만Aaron Altman은 매우 총명하고 박식하며, 진취적인 뉴스 앵커로서 성공하기 위한 모든 자질을 갖추었지만, 단 하나 정치의 기술만은 없었다.

애론은 다른 사람들과 친밀해지는 방법을 몰랐고, 그것이 왜 중요한지 이해하지 못했다. 그는 사실을 보도하기를 원했을 따름이며, 그런 측면에서는 뛰어난 자질을 갖추었다. 그러나 불행히도 정치의 기술이 없었기에, 그는 거만하고 따분하며, 카리스마도 호소력도 없었다. 결국 그는 뉴스 보도국의 뒷자리로 밀려나야만 했다.

결 론

오늘날 정치의 기술을 갖추는 것은 특히 성공에 필수적인 요소가 되었다. 정치 기술의 중요성으로 인해, 전문가들은 그들 자신의 정치의 기술에 관심을 가져야 하고, 특히 자신이 얼마나 정치적으로 숙련되었는지 자문해 보아야 한다. 다음 장은 이 장에서 검토한 네 가지 측면, 즉 사회적 통찰력, 대인관계 영향력, 인맥관리 능력 그리고 진실성을 이용하여 정치의 기술을 측정하는 기법들을 소개한다.

2. 정치의 기술 측정하기

지위 고하를 막론하고, 현재 정치의 기술 유무와 상관없이 정치의 기술을 배우고 향상시키는 것은 가치 있고 의미 있는 일이다. 이미 정의한 바와 같이, 정치의 기술은 조직 내의 모든 사람들이 개인과의 상호관계에서나 그룹 혹은 보다 큰 팀과의 상호관계의 비즈니스에서 목표를 성취하는데 많은 도움이 된다.

승진이나 직위를 유지하기 위한 결정을 내릴 때, 그러한 사항들을 보다 순조롭게 결정하거나, 인재를 선발하고 양성하는데 필요한 사람들의 능력 수준을 파악하는데 정치의 기술이 필요하다. 그리고 마케팅을 위해 외부 협력업체와 접촉하거나, 고객 서비스 팀에서 리더십을 발휘해야할 때, 혹은 어떤 종류의 팀을 이끌거나 보조할 때도 정치의 기술은 중요한 역량이 된다.

그러나 우리가 그러한 정치의 기술이 있는지 없는지 어떻게 알 수 있을까? 자신이 지닌 정치의 기술 수준과 개발이 필요한 부분을 알기 위해서는 이를 측정할 체계적 수단이 필요하다.

이 장에서는 저자들이 개발한 정치의 기술 측정 도구인 정치기술 지수Political Skill Inventory를 소개한다. 이 정치기술 지수는 어떤 형태의 그룹이나 조직에 속한 사람들에게도 유용하고 이해하기 쉬운 방식이다.

정치기술 지수(PSI)

정치기술 지수(PSI ; Political Skill Inventory) 검사는 18 문항의 질문으로 구성되어 우리의 일반적인 정치의 기술 수준을 점수로 보여준다. 전반적인 정치의 기술은 앞에서 소개한 것처럼 사회적 통찰력, 대인관계 영향력, 인맥관리 능력 그리고 진실성의 네 가지 측면을 말한다. PSI는 이들 각각을 측정할 수 있는 도구이다.

PSI를 시작하기 전에 기억해야 할 중요한 점은 여러분들 스스로 이 조사에 정직하게 임해야 한다는 점이다. 전반적인 혹은 개별적인 항목의 평가에서 높은 점수를 받는데 집중하는 게임은 아무 의미가 없으며, 그 결과는 자신에게 아무 쓸모가 없을 것이다.

여러분들 자신이 얼마나 높은 점수를 받았는지 다른 사람들은 알 수도 없고, 알 필요도 없다. 정직하게 임하고 있는 그대로 대답하면 자신이 개발해야 할 측면들을 이해하는데 도움이 될 만한 훌륭한 결과를 얻을 수 있다.

정치기술 지수 측정하기

PSI를 완료하고, 전반적인 정치기술 지수를 계산하면, 1~7 사이의 점수를 받게 된다.

4점이 중간 정도의 정치의 기술을 갖춘 것을 의미하며, 그 이상은 평균 이상의 정치의 기술을 나타낸다. 전반적으로 1~2는 낮은 수준을, 3~5는 중간 정도의, 6~7은 높은 정치기술 지수를 보유하고 있음을 의미한다.

성공한 경영자들은 일반적으로 PSI 지수가 높다. 정치의 기술은 네 가지 분리된 측면들을 가지며, 그 각각은 두 가지 다른 이슈와 관련되어 있다는 점을 기억할 필요가 있다. 먼저, 자신은 능력이 있는가? 둘째, 이를 이용할 의지가 있는가? 하는 것이다.

다음에는 이전의 연구 결과(2004년 세미나)를 기초로 정치 기술의 네 가지 측면들을 검사하고, 그것들을 개선하기 위한 개발 전략을 제시한다.

정치기술 지수

아래 1점에서 7점까지의 7가지 척도는 자신이 해당 항목에 얼마나 동의하는지 정도를 나타내고 있다. 각각의 문항에 대한 자신의 응답으로, 아래 척도들 중 하나의 점수를 선택하여 써 넣어라.

- **1** = 전혀 동의하지 않음
- **2** = 동의하지 않음
- **3** = 약간 동의하지 않음
- **4** = 보통
- **5** = 약간 동의함
- **6** = 동의함
- **7** = 아주 동의함

1. 나는 다른 사람들과의 업무 네트워킹 구축에 많은 시간과 노력을 들이고 있다.

2. 나는 내 주변에 있는 대부분의 사람들을 편하게 만들 능력이 있다.

3. 나는 남들과 편하고 효과적으로 커뮤니케이션할 수 있다.

4. 나는 대부분의 사람들과의 친근한 관계를 쉽게 구축할 수 있다.

5. 나는 사람들을 매우 잘 이해한다.

6. 나는 직장에서 영향력 있는 사람들과의 관계 구축에 익숙하다.

7. 나는 다른 사람들의 동기나 숨겨진 의도를 파악하는데 특히 뛰어나다.

8. 나는 다른 사람들과 커뮤니케이션할 때, 내가 하는 말과 행동이 진실되도록 노력한다.

9. 나는 직장에서 광범위한 인적 네트워크를 개발해 왔으며, 업무 완수를 위해 도움이 필요할 때 의존할 수 있다.

10. 나는 직장에서 중요한 사람들을 많이 알고 있고, 잘 연결되어 있다.

11. 나는 다른 사람들과의 인맥 형성을 위해 많은 시간을 투자한다.

12. 나는 사람들이 나를 좋아하게 만드는데 익숙하다.

13. 나는 말과 행동이 진실한 사람이라고 사람들이 믿는 것을 매우 중요하게 생각한다.

14. 나는 다른 사람들에게 진실한 관심을 보이고자 노력한다.

15. 나는 업무의 원활한 흐름을 위해 인맥과 네트워크를 잘 활용한다.

16. 나는 나 자신을 남들에게 어떻게 나타낼지에 대한 직관과 기술이 훌륭하다.

17. 나는 다른 사람들에게 영향력을 발휘하기 위해 어떤 말과 행동을 해야 하는지를 직관적으로 알고 있다.

18. 나는 사람들의 얼굴에 드러난 표현을 읽으려고 항상 주의를 기울인다.

합계 =

÷18 =

점 수

자신이 대답한 점수들의 합을 구한 다음 18로 나누면 1~7 사이의 평균 점수가 산출된다. 점수가 높을수록 정치의 기술이 뛰어난 것을 의미한다.

정치 기술의 네 가지 측면 측정

여기서는 정치 기술의 네 가지 측면 사회적 통찰력, 대인관계 영향력, 인맥관리 능력 그리고 진실성 각각을 측정할 수 있다. 네 가지 측면 각각에 해당되는 문항에 대한 아래 표에 따라 대답한 숫자의 합을 더해 평균을 구하면 된다.

정치의 기술의 측면			
사회적 통찰력	대인관계 영향력	인맥관리 능력	진실성
5 ___	2 ___	1 ___	8 ___
7 ___	3 ___	6 ___	13 ___
16 ___	4 ___	9 ___	14 ___
17 ___	12 ___	10 ___	
18 ___		11 ___	
		15 ___	
합계 = ◯	합계 = ◯	합계 = ◯	합계 = ◯
÷ 5 = ◯	÷ 4 = ◯	÷ 6 = ◯	÷ 3 = ◯

사회적 통찰력

PSI 문제 5, 7, 16, 17, 18은 사회적 통찰력을 측정한다.

사회적 통찰력의 점수가 의미하는 것 낮은 점수는 다른 사람들의 행동 속에 내재된 동기 혹은 의도를 이해하는데 느리거나, 관심이 없음을 나타낸다. 즉 자신을 타인에게 드러내는 방식에 관한 직관과 수완이 부족하며, 다른 사람들에게 영향력을 발휘하기 위해 무슨 말을 하고, 어떤 행동을 해야 할지에 대해 잘 알지 못한다는 의미이다.

평균적인 점수는 다른 사람들의 의도를 이해하고, 숨겨진 의제를 파악하기에 충분한 능력이 있음을 의미한다. 다른 사람들을 어떻게 대해야 할지에 대해 만족할 만한 수준의 직관과 수완을 가지며, 다른 사람들에게 영향력을 발휘하기 위해 무슨 말을 하고, 어떤 행동을 해야 할지 알고 있다는 의미이다.

높은 점수는 다른 사람들의 의도를 이해하고, 숨겨진 의제를 파악하는데 뛰어난 능력이 있음을 의미한다. 다른 사람들을 어떻게 대해야 할지에 대해 탁월한 수준의 직관과 수완을 가지고 있으며, 다른 사람들에게 영향력을 발휘하기 위해 정확히 무슨 말을 하고, 어떤 행동을 해야 할지 직관적으로 알고 있다는 의미이다.

개발 전략 사회적 통찰력에 관한 역량을 개선하고 싶다면, 다른 사람들을 이해하기 위해서 먼저 경청하는 습관을 길러야함을 잊지 않아야 한다. 즉 다른 사람이 얘기할 때, 끼어들지 말아야 한다. 다른 사람이 한 말을 다시 한 번 반복함으로써 그들의 의사가 정확히 전달되었는지 확인하라. 다른 사람의 의도를 파악하기 위해 진정으로 노력함으로써 의도를 정확히 이해할 뿐 아니라, 성실하게 듣고 있다는 이미지를 전달하게 된다. 다른 사람들의 사고방식을 존중한다면 그들도 역시 당신의 생각을 존중해 줄 것이다.

대인관계 영향력

질문 2, 3, 4, 12는 대인관계 영향력을 측정한다.

대인관계 영향력의 점수가 의미하는 것 낮은 점수는 다른 사람들이 자신을 편하게 대하도록 만들 능력이나 동기가 부족하다는 의미이다. 직장에서 다른 사람들과 부드러운 커뮤니케이션 관계를 형성하고 있지 못할 가능성이 크며, 아마도 대부분의 사람들과 좋은 관계를 형성하기 어려울 것이다.

평균 점수는 다른 사람들이 자신을 편하게 대하도록 만들 능력이나 동기가 충분하다는 의미이다. 직장에서 다른 사람들과 부드러운 커뮤니케이션 관계를 형성하지만 모든 사람들과 그런 것은 아니다. 또한 대부분의 사람들과 좋은 관계를 형성할 상당한 능력이 있다.

높은 점수는 자신의 주위 사람들을 편하게 만드는 능력이나 동기가 뛰어나다는 의미이다. 직장에서 다른 사람들과 효과적인 커뮤니케이션을 하고 있으며, 만나는 대부분의 사람들과 편하고 친밀한 관계를 형성하고 있을 것이다.

개발 전략 다른 사람에게 영향력을 발휘하는 것은 종종 그들에게 뭔가를 줄 수 있는 방법을 찾음으로써, 자신이 원하는 목표를 성취하는 것을 의미한다. 다른 사람들의 상황을 고려하지 않고 뭔가를 요청하지는 말라. 자신이 원하는 것을 얻고자 하는 만큼 다른 사람이 무엇을 필요로 하는지 생각하라. 상대방에게 요구하는 방식이 부정적 영향을 끼칠 수 있다는 점을 생각하면서보다 좋은 거래 방법을 생각하라.

가령 다른 누군가가 자신을 위해 늦게까지 일하길 원한다면, 반대급부로 그 달 중에 며칠간의 휴식을 허용하는 것이 필요하다. 자신과 상대방이 모두 이익을 얻을 수 있는 방안을 모색해야 한다.

인맥관리 능력

문제 1, 6, 9, 10, 11, 15는 인맥관리 능력을 측정한다.

인맥관리 능력의 점수가 의미하는 것 낮은 인맥관리 능력점수는 자신이 다른 사람들과의 인간관계 개발에 미숙하거나, 그러한 관계 개발에 시간과 노력을 투입할 동기가 없음을 나타낸다. 낮은 점수는 아마도 자신이 추진하는 목표에 이용할 수 있는 대규모의 지원 네트워크가 없음을 의미한다.

평균 점수는 다른 사람들과의 인간관계 개발에 시간과 노력을 투입할 만족할 만한 능력과 동기가 있음을 나타낸다. 또한 추진하는 목표를 달성하기 위해 활용할 수 있는 상당한 수준의 형식적 및 비형식적 인적 지원 네트워크가 있음을 의미한다.

높은 점수는 뛰어난 네트워크 조직을 이루어내는 사람이라는 점을 나타낸다. 그리고 긍정적인 직장 관계를 개발할 능력과 동기가 모두 충분함을 보여준다. 특히 영향력 있는 사람들과의 관계 형성에 뛰어나다. 아마도 자신은 형식적이든 비형식적이든 많은 지원 네트워크를 보유하고 있을 것이며, 조직 내에서 목표 달성을 추진할 때, 이를 효과적으로 이용하고 있을 것이다.

개발 전략 네트워크 구축이 뛰어난 사람들은 유용한 직무 정보를 공유하는 사람들이다. 사람들이 보다 일을 잘 하게 하고, 부서나 회사에 대해 더 나은 시각을 갖도록 하기 위해 도움이 되는 것은 잡담이 아니라 정보이다. 또한 함께 근무하는 동료들에 관한 중요한 사항들이 정보의 형태로 저장된다.

일반적인 법칙은 모든 사람들에 대해 세 가지 정보, 즉 직무에 관한 지식, 교육적 배경 그리고 사생활에 관한 정보를 보유해야 한다는 것이다. 뛰어난 인적 네트워크를 구축하는 사람은 사교성이 뛰어나다. 때때로 자신이 관계 형성을 먼저 도모해야 한다. 관계 형성은 단지 어떤 질문을 던지는 것으로 시작될 수도 있다. 네트워킹 기술을 개선하려면, 다른 사람들이 자신에게 다가올 때를 기다리지 마라.

진실성

문제 8, 13, 14는 진실성에 관한 것이다.

진실성의 점수가 의미하는 것 낮은 점수는 성실성과 진실성을 나타내는 것의 중요성을 별로 알지 못하고 있음을 의미한다. 또한 아마도 다른 사람들의 일에 관심이 별로 없을 것이고, 성실하고 진실된 사람으로 인식되는 것이 중요하다고 생각하지 않는다.

중간 점수는 성실성과 진실성을 나타내는 것의 중요성을 충분히 알고 있음을 의미한다. 또한 아마도 다른 사람들의 일에 관심이 있고, 성실하고 진실한 사람으로 인식되는 것이 중요하다고 생각한다.

높은 점수는 모든 사람들에게 성실하고 진실한 사람으로 보이는 것의 중요성을 매우 잘 알고 있음을 의미한다. 또한 항상 다른 사람들의 일에 진정으로 관심을 가지고 있음을 보여주기 위한 열망을 갖고 있으며, 자신은 성실하고 진실한 사람으로 인식되는 것이 매우 중요하다고 생각한다.

개발 전략 성실함은 친절하고 정성스러운 마음에서 나온다. 진실함을 보여줄 한 가지 방법은 다른 사람들의 말을 귀 기울여 듣는 것이다. 불행히도 많은 경영자들이 다른 사람들의 말을 듣는 데는 소홀히 한다. 그들은 행동을 선호하고, 다른 사람의 말을 끊고 끼어드는 것을 대수롭지 않게 여긴다. 일부는 듣고 있다가, 상대방이 마무리 하고자 하는 말조차 자기가 하려 든다.

이와 같이 다른 사람의 이야기를 듣는데 있어서 인내가 부족하고 의지가 없는 것은 가끔 둔감한 것으로 보이며, 배려하는 마음이 없는 사람으로 인식된다. 그러므로 자신의 진실함을 높이는 한 가지 방법은 다른 사람들의 말을 주의 깊게 경청하는 것이다.

성실하고 진실하게 보이는 것은 말 이외의 행동과도 연관이 있다. 말하는 사람의 눈을 똑바로 쳐다보라. 주변 사람들을 쳐다보거나, 시계를 보는 행위 등은 당신이 진실하지 않고, 대화중인 상대를 존중하지 않는 것으로 비추어질 것이다.

자신이 좋아하거나 영향력이 있는 사람과 대화할 때는 성실하고 진실한 모습을 보이기가 훨씬 쉽다. 그러나 좋아하지 않는 사람들에게도 진실하게 보이는 것은 매우 중요하다. 다른 사람이 얘기할 때는 고개를 끄덕이는 것을 잊지 마라. 상대의 말을 듣고 있고 대화에 열중하고 있음을 보여준다.

정치의 기술이 뛰어난 사람은 상황 파악이 빠르다

정치의 기술이 뛰어난 사람들은 상황 파악이 빠르며, 그들은 주변의 요청 사항들과 각 상황에서의 필요한 요구 사항들을 판단할 능력이 있다. 그들은 사람들과 얘기할 때 상대방을 설득하기에 가장 적합한 어조와 스타일을 신속하게 파악한다. 자신의 전반적인 정치의 기술을 개선하기 위해서는 주변을 둘러보는 습관을 가지고 어떻게 상황에 대처할지 생각하라. 그리고 그 방법은 무엇일까에 대해 고민하라.

먼저, 다른 사람이 자신의 제안이나 아이디어에 동의하길 원한다면, 공개하기 전에 먼저 영향력 있는 사람들과 자신의 제안을 상의하라. 자신의 제안에 대한 비형식적 동의 혹은 승인(특히, 종종 당신의 의견을 반대했던 사람으로부터)을 얻을 수 있다면, 자신의 아이디어가 다른 사람들에게 먹혀들 가능성이 훨씬 높아진다.

둘째, 조직은 본질적으로 정치적 존재이다. 정치의 기술을 갖춘 사람들은 조직 내의 덫이나 파국을 예견하고 이해할 수완이 있다. 그들은 중요한 정보와 자원을 관리하는 게이트키퍼가 누구인지 알고 있다. 주변을 둘러보고 자신의 조직이 작동하는 방식을 파악하라.

셋째, 남들을 민감하게 대하라. 정치의 기술이 높은 사람들은 다른 사람의 마음을 읽고, 그들이 다양한 접근법에 어떻게 대응할지 예측할 수 있다. 언어 이외의 커뮤니케이션 방법을 익히고, 항상 접촉 관계를 유지하라. 상대가 앞으로 숙인 자세를 하거나 팔짱을 끼고 시계를 자주 쳐다보는 것 등은 자신이 새로운 질문을 던져 그를 다시 대화로 끌어들여야 할 시점을 표시한다. 그게 먹히지 않는다면, 더 이상 대화를 지겹게 계속하지 말라. 대화를 중단해야 할 시점임을 알아야 한다.

마지막으로, 갈등이나 마찰을 최소화하라. 갈등이 심할수록, 자신이 상황을 제어할 역량은 줄어든다. 주제 혹은 이슈와 사람을 구별하라. 어떤 문제로 누군가를 비난하는 것은 피하라. 최선의 전략은 이슈를 공격하되, 그것을 제시한 사람을 공격하지 않는 것이다.

정치의 기술에 대한 평가를 남에게 부탁하라

정치의 기술에 대해 스스로 평가해 보는 것은 유용하며 많은 것을 배울 수 있지만, 바람직한 대답 대신에 진실한 대답을 하는 것은 쉬운 일이 아니다. 사회적으로 바람직한 방식으로 답변하려는 유혹의 힘은 강하다. 사실 설문지의 질문에 모두 답한 사람은 실제 자기의 올바른 점수를 모를 수도 있다. 다른 사람들의 비웃음을 등 뒤로 흘려들으면서, 자기만족에 취할 가능성은 언제나 있다.

이러한 어려움으로 인해, 정치의 기술 데이터를 다양한 원천으로부터 수집하는 것은 좋다. 가령 팀 내의 멤버들이 상호간의 PSI를 준비한 뒤, 믿을만한 제3자에게 각 멤버의 평균 점수를 취합하게 한다면, 특정 동료가 나에 대해 어떤 의견을 가지고 있는지 알게 됨으로써 야기될 수 있는 어색함을 피할 수 있다. 혹은 대상자의 부하, 동료, 경쟁자 등에게 의견을 물어볼 수도 있다.

조직을 연구하는 사람으로서 우리는 직원의 정치적 역량이 상사와 동료, 부하 직원들로부터 일정한 수준으로 나타나는지 관찰함으로써 대인관계에서의 영향력을 나타내는 측정 방법을 검증하였으며, 이것이 유용한 방법이라는 것을 확인했다.

결 론

PSI를 이용하여 조직 내의 모든 직급의 사람들이 자신의 정치의 기술을 평가할 수 있다. 또한 PSI는 정치의 기술을 네 가지 측면, 즉 사회적 통찰력, 대인관계 영향력, 인맥관리 능력 그리고 진실성으로 평가할 수 있다.

이 책을 통하여 우리는 이 네 가지 측면을 검토하고 취업과 직무 성과, 명성, 직무 스트레스 그리고 리더십과 팀 성과에 미치는 여러 가지 영향들을 살펴볼 것이다.

이제 독자들은 스스로 정치의 기술 수준을 알고 그 의미를 이해함으로써, 자신의 정치 기술 개발에 도움이 될 수 있는 방법들을 살펴볼 것이다. 다음 장에서는 정치의 기술을 배우는 여러 가지 방법에 대해 알아본다.

3. 정치의 기술 개발하기

정치의 기술을 갖춘 사람들은 사회적 상황의 이해, 다른 사람들을 리드할 수 있는 영향력, 네트워크 구축 그리고 사회적 신용(흔히 사회적 자원이라 부르는 것)의 구축에 기민하며, 인간관계의 상호 작용에서 진심이 담겨 있으며 성실하다. 우리는 정치의 기술을 타고 나기도 하지만, 스스로 개발할 수도 있는 어떤 능력으로 간주한다.

로버트 재클Robert Jackall은 유능한 조직 정치가의 자질에 대한 간단한 리스트를 만들었다.(1988, pp. 46-47)

다음 질문에 "예"라고 대답할 수 있는지 살펴보자.

- 서로 다른 여러 상황에서 각각에 알맞은 적절한 행동을 취할 수 있는가?

- 사회적 상황을 파악하고 그에 맞추어나갈 수 있는 능력이 있는가?
- 적절한 이미지 전달을 위해 내 감정과 표현 방식을 조정하고 통제할 수 있는가?

우리는 유능한 관리자와 그렇지 않은 관리자를 구별할 수 있는 것이 정치의 기술이라고 주장한다.

1장에서 살펴보았듯이, 정치의 기술은 인간관계의 한 유형으로 사회적 통찰력과 다양하게 변화하는 상황에서 요구되는 적응력이 결합된 것이며, 신뢰와 확신, 성실성 그리고 다른 사람들에게 호감을 불러일으키는 것으로 정의한다. 우리와 더불어 일하는 사람들에게서 이와 같은 재능을 개발하고 훈련하는 노력을 지향하는 것이 바로 이러한 정치 기술의 특성이다.

정치의 기술에 대한 재능은 부분적으로 타고 나는 것이지만, 이것은 훈련되어야만 한다. 타고난 재능이 별로 신통치 않은 경우에도 훈련을 통해 일정 수준까지 끌어올릴 수 있다. 타고난 재능이 아무리 뛰어나도 가꾸고 개발하지 않거나, 그것이 발휘될 수 있는 상황을 경험하지 못한다면, 결국 묻혀버리고 만다.

정치의 기술은 사람들이 생각하는 것보다 훨씬 광범위하며, 이러한 능력이 조금이라도 있다면, 그것은 세심한 훈련과 개발 과정을 통해 많은 것을 얻을 수 있다. 정치의 기술을 어떻게 개발하고 형성하는가 하는 것이 이 장의 핵심 주제이다.

정치 기술의 형성과 개발

오늘날 정규 교육의 대부분은 컨텐츠 관련 지식을 전달할 뿐 인간관계와 효율적인 영향력의 기술은 무시하고 있다. 가령 경영대학원은 회계, 재무, 마케팅 그리고 경영에 관한 폭넓은 지식을 가르치지만, 성공에 필요한 정치 기술의 중요성은 가르치지 않는다.

인간관계 기술 개발에 주안점을 두는 기업의 훈련 프로그램조차 부실한 경우가 있다. 부분적으로 학습 환경이 학습자에게 편안함을 주지 못하기 때문이다.

참가자들은 그러한 기술을 승진 혹은 진보를 위한 한 가지 수단으로 생각하므로 위험을 무릅쓰고 시도하려고 하지 않는다. 다른 사람들이 지켜보는 (아마도 평가하는) 가운데 실수를 저지르려는 사람이 있겠는가?

정치 기술의 훈련이 효과적이기 위해서는 참가자들이 비경쟁적이고 서로 우호적인 환경에 있어야만 하며, 공정하고 모든 사람들이 활동에 참가하는 분위기여야 한다.

더욱이 교실 학습에서 일어나는 상황을 근무 환경에 곧바로 적용하기는 매우 어렵다. 많은 조직들이 교실 훈련에서 시간과 자원을 소비했다고 결론짓는데, 특히 인간관계 커뮤니케이션이나 협상과 같은 유연한 기술에서 그러하다.

우리는 정치의 기술이란 그 본질상 틀에 박힌 훈련과 교육으로는 이루기 어렵다고 본다. 그러므로 전통적인 강의식 교육훈련은 단지 능동적이고 체험적인 참여 방식 교육의 부수적인 방법에 불과하다.

이 책에서 우리는 정치 기술의 네 가지 측면을 구성하는 행동과 능력에 주목한다. 우리가 제시하는 훈련과 개발 방법은 정치 기술의 네 가지 측면을 독립적이면서도 서로 통합적으로 구성하고 개발하기 위한 것들이다.

여기서 학습하고자 하는 기법들은 정치 기술의 네 가지 측면을 다루기 때문에 일반 독자들을 위해 특별한 주의를 끌 수 있는 드라마 기반 훈련drama-based training과 임원 코칭executive coaching 방식을 선택하여 학습하고자 한다.

그리고 각 측면에서의 특정한 방법들을 논의하고, 비즈니스 세계에서 여성과 소수 인종들의 정치의 기술 개발에 주로 영향을 미치는 문제들을 다룰 것이다.

역할 연기 훈련

약 20여 년 전, 뉴욕타임스는 당시로서는 새로운 형태의 연극적 요소가 포함된 경영진 훈련 프로그램을 소개하였다.(Drake, 1987) 오늘날 수백 개의 기업들이 이 유형의 프로그램으로 직원들과 경영진을 교육하고 있는데, 이러한 드라마 기반 교육훈련(또는 역할 연기)은 그 자체가 성공적인 비즈니스가 되었다. 오늘날의 훈련은 그 어느 때보다도 영향력이 있고 현실적이며, 실용적이고 지속적이어야 한다.

또한 이 훈련은 어려운 상황에서도 용기를 불어넣어 주고 인식 능력을 개선할 수 있도록 도와주며, 행동이 유연해지도록 한다. 역할 연기 훈련은 실제 상황의 역할과 성격을 체험하는 기회를 제공함으로써 정치의 기술 개발과 형성에 유용한 수단이 된다. 교육 참가자들은 단지 듣는 게 아니라 실제로 감정의 조절과 통제, 비언어적 암시에 대한 인식과 반응, 목소리 톤의 관리 기법 등을 배울 수 있다.

역할 연기 훈련은 교실 수업으로는 달성할 수 없는 일정한 수준의 파워와 실용성을 가지고 있다. 훈련 참가자에게 실질적인 역할을 제공하는데, 이것은 비즈니스 환경에서 매일 같이 부딪히는 사회적 교류를 모방한 것이다. 교육 프로그램의 목표에 따라 다양한 수준의 역할 연기 훈련이 적용될 수 있다.(보다 자세한 사항은, St. George, Schwager, & Canavan, 2000. 참조)

가령, 특정한 직무와 관련된 문제에 대한 인식 제고가 목표라면, (성희롱 혹은 비도덕적 근무 관행 등) 충격이 적은 역할 연기 훈련을 통해 많은 청중들에게 비교적으로 신속하게 접근할 수 있다. 일반적으로 영향력이 낮은 훈련은 미리 선택된 직무 관련 이슈에 집중하는 장면 혹은 비네트(vignette : 연극이나 영화 속의 짧은 장면)를 읽거나 듣는 것이 있다.

예를 들면 성희롱에 관한 회사의 훈련 워크숍에서 다양한 성희롱 유형을 묘사하고 각 유형과 관련된 사건의 사례를 보여주는 짧은 스토리들 혹은 비네트를 청중들에게 읽어주는 것 등이다.

영향력이 낮은 훈련에서처럼 적절한 수준의 영향력을 주기 위한 역할 연기 훈련도 인식의 개선에 도움이 될 수 있지만, 훈련 내용과 관련된 청중의 생각, 감정 그리고 동기를 탐색하기 위해 계획된 청중의 참여(질문을 하거나, 소규모 모임을 구성하는 등)가 필요하다.

영향력이 큰 고난도의 훈련은 배우와 독자들이 하는 대로 완전히 내맡긴다. 대신 훈련자들은 훈련 참가자들과 함께 시나리오가 아니라 실제 상황을 훈련한다.

사람들이 진행하고 있는 훈련에 이용할 수 있는 새로운 기법을 얻는데 도움을 주기 위해서, 영향력이 큰 고난도의 역할 기반 훈련은 고도로 고객화하고, 목표를 정확히 설정하며, 즉흥적이고 상황에 집중하며, 유연해야 한다.

그러므로 교육 참가자는 훈련 상황에 능동적으로 참여하게 되고, 이는 간접 교육으로는 달성할 수 없는 효과를 볼 수 있다.

고난도의 역할 연기 훈련은 정치의 기술 개발에 특히 효과적이다. 다른 역할 연기 유형들과 마찬가지로 사회적 통찰력 개선에 도움이 되는 인지 능력을 강화시키는데 특히 효과적이다.

다른 유형의 역할 연극들과는 달리, 이것은 실제 비즈니스 상황에서의 이슈를 두고 참가자들 간의 상호 작용을 요구한다. 훈련 내용은 특정한 정치의 기술 개발을 목표로 할 수도 있다. 다음은 샘플 비네트이다.

> 훈련 참가자는 동료로 하여금 밤늦게까지 근무하도록 설득하려는 직원 역할을 맡는다. 그 동료(경험 많은 훈련자가 맡는다)는 늦게까지 일하기 원하지 않지만, 만족할만한 보상이 있다면 그럴 생각도 있다. 본심을 직접적으로 말하는 대신, 실제 상황에서와 마찬가지로 그 동료는 미묘한 암시를 제공하고, (가령, "야구 경기를 보러 갈 생각이었는데…." 또는 "오늘은 별로 늦게까지 일하고 싶지는 않은데…") 훈련 참가자가 그런 반대급부를 제공하기를 기다린다.
> 이 드라마의 어떤 장면에서든지 연극을 중단하고, 훈련 참가자에게 현재의 생각과 고려중인 대안, 그리고 감정과 느낌을 물어볼 수 있다. 질문을 통해 심사숙고하고 대안적인 행동을 격려함으로써, 해답을 제공하는 대신에 훈련자는 훈련 참가자가 이전에 생각하지 못한 부분을 생각할 때까지 드라마를 이어나갈 수 있다. 훈련 참가자가 뭔가를 얻기 위해서는 뭔가를 제공해야 한다는 사실을 진실한 방법으로 깨닫게 되면, 이러한 영향력의 교류는 쉽게 진행된다. 진실성 혹은 성실성을 향상시키거나(가령, 동료가 가족 중 한 명을 잃은 상황을 다루는 등) 네트워크 구축(가령, 초과 근무가 필요한 프로젝트 진행을 위한 강력한 팀의 개발 등)을 목적으로 비슷한 비네트를 만들어 사용할 수도 있다.

그러한 시나리오 속에서 훈련 참가자는 자신들이 하는 말의 내용뿐 아니라, 그 형식도 중요하다는 사실을 배우게 된다. 특정 상황에 적합한 영향력 있는 전술을 나열하는 것만으로는 효과적인 영향을 발휘할 수 없다는 사실을 이해하게 될 것이다. 이는 단순히 아는 것과는 상반된다. 역할 연기는 훈련 참가자가 다양한 전달 스타일 간의 차이점을 구별하고 적용하는 방법을 가르침으로써 정치의 기술을 축적하도록 도와주는데 매우 효과적이다.

임원 코칭

회사 내에서 고위직으로 승진해 감에 따라, 기술적 전문성은 중요성이 낮아지고 그 자리를 정치의 기술이 채워나간다. 사실 창조적 리더십 센터(CCL ; Center for Creative Leadership)는 전도유망하던 중역들이 직무에서 실패하는 이유를 연구했다. 연구자들은 이를 '중역의 궤도 이탈executive derailment'이라 불렀다. 사회적 효율성의 부족이 직무 실패의 주요한 한 가지 원인이었다.(Lombardo & McCauley, 1988)

고위직에서의 성공은 크게 보면, 희소한 자원을 획득하고 지지를 이끌어낼 충분한 정치의 기술을 소유하고 있는가의 여부에 따라 결정된다.

CCL의 궤도 이탈 연구는 실패에 이르는 10가지 치명적 결함을 요약했는데, 절반 이상이 타인에 대한 무관심, 거만함, 권한 위임의 실패, 지나친 야망, 상사와의 마찰 그리고 누군가에 대한 과도한 의존 등과 관련 있다. 10가지 결함 중에 업무와 관련이 있는 것은 단 하나의 결함뿐이었다.

많은 사람들에게 정치의 기술과 인간관계에 관한 것들은 기술적 이슈들보다 성취하기가 훨씬 어려운 문제이다. 정치의 기술이 필요한 위치에 있을 때, 그 문제를 깨달을 만큼 운이 좋은 사람들은 점점 더 임원 코치들에게 도움을 청하고 있다.

임원 코칭 프로세스는 코치에 의한 평가로 시작되는 게 일반적이다. 이 평가를 기준으로 삼아, 코치와 임원은 서로 협력하여 해당 임원이 다루고자 하는 이슈들이 무엇인지를 결정한다. 이 시점에서 요구되는 변화와 개발되어야 할 기술과 관련하여 한 가지 전략이 형성될 수 있다. CCL의 결과와 더불어, 변화와 개발 과정은 우리가 정치의 기술이라 부르는 영역에 집중하는 것이 일반적이다.

임원 코칭은 두 당사자의 관계에 많이 의존하여 진행해야 하는 과정이다. 코칭은 기획된 것으로써, 행동 유형을 개발할 때는 어느 누구도 신속한 해결책을 찾을 수는 없다. 임원 코칭은 적어도 1년 이상 지속되어야 좋으며, 6개월 이하의 기간은 오히려 득보다 실이 많다고 생각한다.

임원 코칭은 역할 수행과 성과에 영향을 미칠 임원들의 확인된 쟁점들을 찾아내는데 도움이 된다. 코치는 또한 임원과 더불어 새로운 행동 방식을 개발하고, 효율성을 증가시킬 수 있는 행동들에 대해 작은 변화를 개발시켜 지속적인 피드백을 제공한다. 다양한 대안을 고려하고 예측 가능한 결과를 평가한 다음, 임원은 이 상황에 접근할 방법을 선택하고, 비디오테이프 피드백과 더불어 역할극을 통해 다양한 전략들을 경험할 수 있다.

그러한 역할극 훈련은 전략의 실제 목표가 시나리오에서의 파트너처럼 반응할지는 확신할 수 없지만, 매우 유용하다. 왜냐하면, 리허설과 피드백은 임원들에게 해당 상황을 예상하고 장애에 대비하도록 하기 때문이다.

예를 들면, 금융 서비스 기업인 워코비어Wachovia는 임원들에게 광범위한 코칭 프로그램을 제공한다. 회사의 고위 직원들은 새로운 직위로 옮기거나 합병 문제 처리와 같은 정치의 기술을 요구하는 도전들에 마주하는 방법을 익히기 위해 외부 코치들을 폭넓게 이용하고 있다. 낮은 직급에서는 회사 내의 다양한 부서에 속해 있는 내부의 코치들과 대학 교수들을 이용하여 360도 피드백과 액션 플랜을 관리자들에게 제공한다.

임원 코칭은 심리적, 사회적 인식과 이해를 증진시키며, 모호성에 대한 내성을 길러주고, 폭넓은 감정적 반응들을 익히며, 효과적인 인간관계에서 유연성을 기르고 유지할 능력을 증가시켜주는데, 이 모두는 정치의 기술에 핵심적인 것들이다.

유능한 코치는 정치적인 환경에서 보다 민감해지고, 정치적 상황과 사람들을 예민하게 관찰할 수 있도록 도와준다. 오랜 시간 동안 훈련을 이어감으로써, 다양한 기술들을 몸으로 익히고, 다양한 상황들을 효과적으로 다룰 수 있는 부드러운 스타일의 사람이 될 수 있다.

사회적 통찰력을 개발하기 위한 방법들

사회적 통찰력을 개발하기 위해서는 자신의 사회적 상호 작용에 관한 피드백이 필요하며, 타인에게 보여줄 수 있는 인식과 이해의 수준 그리고 반응에 대해 선택할 수 있는 다양한 대안들이 포함되어야 한다.

역할 연기 훈련은 물론 코칭 교육과 더불어, 다양한 훈련과 개발 방법들을 통해 자기 인식과 사회적 통찰력을 증진시킬 수 있다. 가장 효과적인 두 가지 방법은 비평과 피드백, 그리고 비디오테이프를 활용한 역할 연기에서의 피드백 등이다.

비평과 피드백 활동들 비평과 피드백 활동들의 범주는 360도 피드백과 평가에서 1:1 토론에 이르기까지 아주 다양하다. 그러한 긍정적이고 건설적이며, 발전적인(부정적이며 개인적인 것에 반대되는) 상호 작용은 사람들이 개선이 필요한 특정한 영역 뿐 아니라, 자신들의 강점과 약점을 이해하는데 큰 도움이 될 수 있다. 이 활동들은 가령, 특정한 상황에 대해 너무 독단적이거나 혹은 지나치게 순종적인 것으로 보이는 행동들에 대한 인식을 상당히 개선해 줄 수 있다.

그 결과 이 활동들 자체가 해당 피드백을 제공하는 사람과 받는 사람 모두에게 귀중한 자료가 된다. 다른 사람들을 어떻게 다룰지에 관한 실제 상황에서 배우는 것들 중 상당 부분이 그러한 피드백과 평가 활동을 통해 배울 수 있으며, 모든 참가자에게 감정적으로 풍부한 컨텐츠를 제공한다. 게다가 정치의 기술을 이미 갖춘 참가자들은 다른 참가자들을 위한 적절한 행동 모델이 될 수 있다.

비디오테이프를 활용한 역할 연기 사회적 인식을 개발하고 다른 사람들과의 빈틈없는 교류를 하도록 돕는 또 하나의 방법이 비디오테이프 역할극 활동이다. 이 접근법은 회사 내의 모든 멤버들이 (훈련된 코치가 아니라) 참가할 때, 가장 효과적이다.

역할 연기 훈련에 대한 논의에서 설명하였듯이, 직무상 가장 도전적인 대인관계 딜레마의 일부를 역할극 활동으로 경험해 봄으로써 효과적으로 대처하는데 필요한 기술을 이해하는데 도움이 된다. 해당 활동을 비디오로 녹화하고, 비평을 위해 다같이 봄으로써 그러한 기술은 더욱 명확하게 보인다. 역할극 활동의 의도는 문제 해결과 인간관계 기술을 가르치고, 참가자들에게 문제에 대한 실질적인 해결책을 찾도록 돕는 것이다.

그러한 역할극 활동의 중요한 부산물은 사람들이 그들의 사회적 행동에 대해 보다 잘 알게 되고, 그들이 만나는 사람들로부터의 다양한 반응들 또한 잘 이해하게 된다는 점이다. 비디오테이프를 멈추고 중요한 시점에서 피드백을 제공함으로써, 참가자들은 향후 그들이 선택할 수 있는 다른 대안들을 평가할 수 있게 된다.

대인관계 영향력 개발

다양한 종류의 인간관계 훈련은 다른 세 가지 측면들보다 특히 다른 사람들에게 영향력을 발휘하고 궁극적으로 그들의 행동을 통제할 수 있는 기술인 대인관계 영향력 개발에 도움이 된다. 경험의 폭을 넓혀갈수록, 다양한 상황에 대한 이해의 폭과 선택 가능한 대응 방안의 폭도 넓어질 것이다.

비평과 피드백 활동, 그리고 피드백이 있는 비디오테이프 역할극 활동은 사회적 통찰력은 물론 대인관계 영향력 기술의 개선에도 큰 도움이 된다. 영향력 기술 증진에 특히 도움이 되는 다른 기술들로는 리더십 훈련, 행동 모델링, 멘토링 그리고 개발 시뮬레이션이 있다.

리더십 훈련 인간관계 훈련이라고도 불리는 리더십 훈련은 1950년대 이후 광범위하게 전파되었다. 그러한 프로그램들은 전형적으로 사례 분석, 역할극, 문제 해결 그리고 커뮤니케이션 연습 등의 활동들과 관련 있다. 유능한 리더에게는 커뮤니케이션, 공감, 목표 설정, 지도 그리고 사람들에게 영향력을 발휘하는 다른 이슈들을 다룰 기술이 필요하다.

관리자들이 리더로 성장할 수 있도록 돕는 것이 그러한 프로그램들의 기본적인 초점이 되며, 다른 사람들에게 영향력을 발휘하는 방법을 배우는 것이 우선적 목표이다. 궁극적으로 가장 효율적인 리더들은 부하 직원들로 하여금 그들이 설정한 비전, 목표 그리고 우선 순위를 성취하도록 기꺼이 그리고 열정적으로 일하게 만드는 사람들이다.

행동 모델링 행동 모델링은 알버트 반두라Albert Bandura의 사회적 학습 이론에 기반하고 있으며, 전반적인 리더십 훈련 과정의 한 부분으로 이용되고 있는 바, 이는 오늘날 비즈니스에서 이용되는 주된 인간관계 기술 훈련이다. 전문가들은 특정한 기술을 모델화하기 위한 역할극 형식을 이용하여, 참가자들이 해당 기술을 반복적으로 연습하여 완전히 몸에 익혀 실생활에서 이용할 수 있도록 도와준다. 우리는 다른 사람들에게 영향력을 발휘하는 훈련에 있어서 최선의 방식은 새로 익힌 기술들을 직장이나 기타 생활 속에서

> 훈련자는 훈련 참가자들에게 정치 기술의 정의를 명확히 설명하고 네 가지 훈련 기법을 특별히 강조한다. 훈련 참가자 혹은 연기자는 직장에서의 문제들에 대해 정치의 기술이 없거나 낮은 수준으로 약하게 대응하는 것과 높은 수준의 정치의 기술 수준과 더불어 효율적으로 대응하는 모습을 각각 단막극으로 연기해 보여준다. 가령, 뛰어난 잠재성을 가진 부하 직원이 낮은 성과에만 집중하고, 그러한 낮은 성과가 앞으로도 계속 이어질 것으로 보여지는 나약한 상급자와 더불어 근무하는 회사에서의 성과를 검토하고 평가하는 회의를 역할 연기로 보여줄 수도 있다.
> 일련의 토론을 거친 후, 훈련자는 그 시나리오를 반복한다. 이번에는 부하 직원의 성과에 대한 그 자신의 관점을 물어보는 것으로 시작하여 정치의 기술이 뛰어난 상급자의 행동을 역할극으로 한다. 부하 직원의 견해를 들어본 뒤, 그 상급자는 정치의 기술의 네 가지 측면의 다양한 모습들을 보여주는 적절한 상황을 연기한다.
> 만약 그 부하 직원이 낮은 성과에 대해 미안해하며, 낙담할 기미가 보인다면, 훈련자는 좋은 청취 기술을 보여주는 피드백을 제공하고, 해당 직원에게 지나치게 낙담하지 않도록 격려하면서 높은 수준의 정치 기술을 시범적으로 보여줄 수 있다. 해당 부하 직원이 이미 크게 낙담하고 있다면, 향후 성과 개선을 위한 근무에서 질책보다는 지도와 같은 보다 부드러운 접근 방법을 활용할 수 있다.

부단히 연습해보는 것이라고 믿는다.

행동 모델링을 역할 연기 훈련과 결합하면, 강력한 정치의 기술 개발 프로그램이 될 수 있다. 앞 페이지의 비네트 사례는 이러한 기술들이 어떻게 결합되어 영향력 기술 개발에 이용될 수 있는지를 보여준다.

이 비네트는 다양한 방식으로 연기를 할 수 있으며, 둘 이상의 스토리를 보여주고, 각각의 경우에 적합한 정치적 반응을 보여주는 것도 훈련 참가자들에게 많은 도움이 될 수 있다 그 부하 직원은 스스로 혹사당했다고 잘못 생각할 수도 있고, 실제로 상사가 부하를 혹사했을 수도 있으며, 또는 업무를 비정상적으로 어렵게 만든 개인적 문제가 있었을 수도 있다.(그러나 너무 많은 스토리들을 보여줄 필요는 없다. 대부분의 직원들은 이미 비슷한 많은 경험들이 있다.)

역할 연기에서 특별한 행동으로 조언을 해주는 것과 더불어 감독관들은 자신들의 사회적 네트워크에서 부하 직원들의 부족한 영역을 강화하는데 도움이 될, 경험이 풍부한 멘토들을 연결해 줄 수도 있을 것이다. 각각의 역할극을 통해, 훈련 참가자들은 메모를 하고 질문을 하도록 용기를 북돋운다. 역할극 활동 이후, 훈련 참가자들이 서로 팀을 만들어 배운 기술들을 연습해 볼 기회를 제공한다.

멘토링   영향력 기술 개발을 위한 또 하나의 효과적인 방법은 훈련 참가자들을 노련한 멘토mento들과 연결하는 것이다. 훈련 참가자들은 그들의 동료와 부하 직원들에게 영향력을 발휘하면서, 실제 상황에서 전문가들이 어떻게 행동하는지 관찰할 수 있다.

멘토들은 설득과 영향력을 최대로 발휘하기 위해 언어와 표정, 몸동작 등을 다양하게 활용한다. 중요한 것은 사회적 상호영향력에 대한 경험이 풍부한 멘토로서 재능이 있고 이해심이 많은 사람, 조직에서 서로 마주치는 상황을 토론해본 경험이 많은 사람들로 하여금 멘토링을 하도록 하는 것이다.

그러므로 멘토들은 영향력 있는 행동의 모델이 될 뿐 아니라, 다양한 사회적 교류에 대한 토론을 통해 자신들의 행동 양상과 그 의미를 멘티mentee들에게 알려줄 수 있다.

조직에서의 멘토링 관계는 멘티들의 정치의 기술 구축과 근무 환경을 더 좋게 만들고 일하는 분위기를 이해할 수 있는 정보를 더 많이 제공하는데 중점을 두고 있다. 그러한 관계는 개인적인 학습 증진에 큰 도움이 되는데, 훌륭한 멘토들은 정치의 기술을 포함한 직무 기술과 대인 관계 역량 등 모두 연관된 학습을 도와준다.

멘티들은 비즈니스 세계의 관행을 관찰하고, 조직 내의 게임이 진행되는 정치적 방법을 배운다. 멘티들이 개발하는 정치의 기술은 그들이 지금까지 경험한 경력 중에서 가장 가치 있는 기술이 될 수 있다. 멘티들이 획득하는 정보는 그 게임의 범위와 비공식적인 규칙에 필수적인 길잡이가 된다.

멘토링은 비공식적인 훈련으로써, 직무 환경에서 무엇을, 언제, 누구와 함께 개발할 것인가 하는 것이며, 정치의 기술을 완성하기 위한 직관적, 사회적, 대인관계 효용성의 능력을 구축하는 것 등을 의미한다.

개발 시뮬레이션 훈련 참가자가 영향력을 연습을 해야 하는 근무 관련 상황의 시뮬레이션이 효과적인 학습이 될 수 있으며, 동료와의 토론과 비평이 있으면 더욱 좋다.

뛰어난 수완을 지녔지만 주변의 모든 사람들의 일을 힘들게 만드는 삐뚤어진 태도를 지닌 컴퓨터 프로그래머가 있다고 가정하자. 훈련자는 훈련 참가자들이 새롭고 보다 나은 영향력 전술과 전략들을 시도해 보도록 도울 수 있다.

네트워크와 사회적 자원의 개발과 관리

사회적 네트워크는 효과적인 정치 기술의 신호이며, 정치의 기술 활용을 위한 핵심적인 요소이다. 자원의 획득, 정보 접근 그리고 다양한 영향력을 행사하기 위해서는 목표와 목적을 달성하는데 도움이 될 적합한 사람들을 알고 있어야만 한다.

성공적인 네트워킹을 위해서는 관계 연결과 신의, 상호 접촉 등을 구축해 나갈 수 있는 방법을 알고 있는 것 이상의 실행과 활동 능력이 요구된다. 지지가 필요할 때 제휴를 하기 위해서는 언제 어떻게 사회적 자원을 이용할 것인지 역시 알고 있어야 한다. 네트워크 구축은 단지 호의적인 감정을 교환하는 것이 아니라, 사람들이 자신을 지지하고 따르도록 자극하고 동기를 부여해 주는 기술을 요구한다.

다른 정치의 기술 측면에 대해 살펴본 기법들 중의 일부 역시 사회적 네트워크 구축과 유지 방법의 이해에 도움이 된다. 예를 들면 역할 연기 훈련과 비평, 피드백 활동은 훈련 참가자에게 사회적 자원을 개발하는 방법에 대해 적절한 피드백을 전달하는데 아주 유용할 수 있다. 비네트 또는 피드백 활동은 가치 있는 자원을 보유한 사람들과 관계 구축에 성공한 사람들의 사례 탐구에 초점을 맞출 수도 있다. 직무 관련 상황에서 서로 알게 된 활동 참가자들은 가치 있는 네트워크 구축을 위한 다양한 대안을 추천하는데 특히 도움이 된다.

리더십 훈련과 행동 모델링은 둘 다 사람들에게 사회적 상황 속에서 위험을 감수하고 새로운 행동을 시도해보도록 용기를 주는데 특히 도움이 된다. 가령 훈련자나 노련한 배우들이 미래의 값진 파트너들과 상호 이익이 되는 협상을 진행하는 효과적인 방법들을 보여줄 수 있다.

전형적으로 멘티는 네트워크 구축에 필요한 자신감을 멘토들로부터 얻을 수 있다. 정치의 기술을 갖춘 멘토들은 이미 가치 있는 네트워크를 보유하고 있고, 그들의 네트워크가 구축된 다양한 방식을 설명할 수 있다. 멘티들은 그들 자신의 네트워크 구축을 위해 멘토들의 전략을 실험해 볼 수 있다. 일부 경우 멘티가 멘토의 네트워크에 참여함으로써, 그 네트워크를 멘티의 것으로 직접 활용할 수도 있다.

팀 기반 훈련   팀 훈련 활동은 네트워크 개발 연습에 특히 필요하다. 그러한 활동들은 적어도 며칠 이상 지속되고, 보완적인 인적 자원을 결집시키기 위한 네트워킹을 요구하는 가치 있는 성과를 필요로 할 때, 가장 효과적이다.

카운슬링   사회적 접촉을 확대하는데 두려움을 갖는 이들에게는 사람들의 사회적 관계 개선을 돕는 전문적인 카운슬링을 추천해야 한다. 카운슬링은 소심한 사람들뿐 아니라 지나치게 적극적인 사람들에게도 중요하다. 너무 강한 외향성은 다른 사람들의 환영을 받지 못하므로, 그러한 행동의 원인을 규명하고 자기 조절 능력의 증진을 위해 카운슬링이 필요하다.

신뢰 구축   모든 네트워킹 교육 프로그램은 가치 있는 파트너가 되고 또한 그렇게 보여지는 것이 얼마나 중요한지를 강조할 필요가 있다. 참가자들은 자신의 네트워크에 들어오는 사람들의 네트워크 내에 일부가 된다는 사실을 기억해야만 하며, 그들에게 유능한 사람으로 비춰지는 것은 일종의 신뢰를 쌓은 것이며, 이는 필요할 때 다른 사람들로부터 지원을 이끌어 낼 수 있는 밑천이 된다.

사회적 자원 구축을 위해 널리 인정된 아이디어들 가운데는 자원봉사, 우호적인 행동과 함께 관대함, 뛰어난 직무 수행, 기한 내 업무 완수, 그리고 함께 일하는 것을 남들이 즐거워하게 만드는 것 등이다. 유능한 네트워크 조직 구성원들은 다른 유능한 사람들의 일을 도울 수 있는 능력과 이해력을 통해 서로 제휴하고 헌신적 관계를 형성한다. 그들은 약속과 헌신을 제공할 때는 사전에 그 효과를 꼼꼼하게 따져본다.

또한 유능한 네트워크 조직 구성원들은 네트워크를 구성하는 사람들과의 연결 고리를 결코 놓치지 않는다. 어느 한 개인의 도움 요청을 무시하면 자칫 훗날에 큰 손실을 불러올 수 있다. 다른 사람들과의 연결 고리를 끊지 않아야 한다. 자신이 유지하는 모든 관계와 접촉은 궁극적으로 자신의 다양한 직무뿐만 아니라 직무 외적 활동도 도움이 된다.

진실성과 성실성의 개발

여러 측면에서 보면, 정치의 기술이 작동하게 만드는 핵심은 진실성인데, 영향력을 발휘하려는 시도로 보이지 않으면서 영향력을 발휘할 수 있기 위해서이다. 사람들이 저지르는 기본적인 실수는 지나치게 진실하거나 너무 강하게 표현되어 일부러 조작하는 것처럼 인식된다는 것이다. 그렇게 되면 상대방은 우리의 동기에 의문을 품고 결국 부정적인 반응을 보일 것이다.

영감을 주고 영향력을 발휘할 수 있는 효과적인 커뮤니케이션 기술은 정치의 기술의 개발과 형성의 한 부분이다. 아네트 토울러Annette Towler와 로버트 딥보이Robert Dipboye(2001)는 카리스마적인 커뮤니케이션 훈련의 본질을 연구하였는데, 그러한 훈련을 받은 사람들은 단지 프리젠테이션 훈련만 받은 사람들에 비해 보다 많은 제스처와 비유 그리고 스토리를 이용하며, 보다 효과적인 커뮤니케이션 능력을 지닌 사람으로 인식된다는 사실을 발견했다. 커뮤니케이션 훈련은 또한 비언어적 암시와 목소리 톤에 대한 감정이입과 주의력을 강조한다는 측면에서 매우 유익하다.

많은 사람들이 카리스마적 커뮤니케이션 훈련에 본능적인 거부감을 느끼며, 이러한 노력들에 대해 기만적이며 말과 본심이 다른 양면적이라고 생각하기도 한다. 그러나 실제로는 아무리 진실된 믿음이라도 원하는 이미지와 인상을 어떻게 전달해야 할지를 모르고는 제대로 그 뜻을 전달하기 어렵다. 정치의 기술 그 자체는 조작적이거나 기만적 의도를 가질 필요도 없고, 가져서도 안 되는 중립적인 힘으로 본다.

우리는 진실을 오도하거나 드러나지 않게 부정직할 수 있는 방법을 가르치는 훈련을 제안하는 것이 아니다. 장기적인 신뢰 관계를 위한 가장 효과적인 영향력은 진실되고, 감정이 이입되며, 성실한 태도 속에서 우러나온다고 믿는다. 이를 위해서도 훈련과 연습이 필요하다.

역할 연기 훈련과 행동 모델링 기법들은 진실성과 가식을 다양한 방법으로 보여줄 수 있는 아주 적합한 방법이다. 배우들은 가식, 냉정, 무뚝뚝함에서의 진실, 온화함 그리고 부드러움에 이르는 일련의 성품들은 서로 다른 상황들에 맞는 진실성의 여러 가지 수준을 역할극으로 연기할 수 있다.

동료의 가족 중 한 사람의 죽음에 대한 애도를 표현하기 위해서는 로또에 당첨된 누군가를 축하해주는 것과는 다른 신체 언어와 관심을 필요로 한다. 다양한 모습으로 변형되어 나타나는 진실성은 훈련 교사 또는 연기자에 의해 모델화되고 교육 참가자들은 연습을 통해 훈련될 수 있다.

속이는 자와 믿음을 주는 자 정치의 기술을 가지고 이를 이용해 다른 사람들에게 영향력을 발휘할 수 있는 사람은 기본적으로 두 가지 유형으로 나눌 수 있다. 물론, 영향력 있는 노력이 장기적으로 효과가 있는지에 대한 판단과 예측은 각각의 유형에 따라 다르다.

여기서 두 가지 유형은 '속이는 자'와 '믿음을 주는 자'이다. 이 둘은 단기적으로는 그 차이가 크게 느껴지지 않지만, 시간이 흘러감에 따라 신뢰성과 성실성에 대한 주위의 판단은 큰 차이를 보이게 된다.

속이는 사람들은 영향력을 통해 얻고자 하는 목적을 빠른 시간 내에 즉시 얻고자 한다. 그들은 상대방으로부터 원하는 응답을 얻어내기에 충분할 정도의 역할 수행에 집중한다. 드라마에서 흔히 볼 수 있는 '가식적 행동'이 그것이며, 혹시 단기적으로 효과를 볼 수 있을지 몰라도, 장기적으로는 지속적으로 그러한 행동을 유지해나갈 수 없다.

믿음을 주는 자는 다른 사람들을 설득할 때 보이는 그들의 모습이 완전히 몸에 배어 있다. 그들은 단지 어떤 역할을 수행하는 것에 그치는 것이 아니다. 설사 그 역할이 매우 정교한 것이라 해도 마찬가지이다. 이것은 '내면에서 우러나온 연기'이며, 단기적으로나 장기적으로 동일한 효과를 유지한다. 왜냐하면 그들은 그들의 진정한 모습을 연기하는 것이기 때문이다.

드라마 기반 훈련을 통해 참가자들은 속이는 자와 믿게 하는 자 간의 차이점을 볼 수 있으며, 그 차이는 전문적인 배우들에도 드러

〈리멤버 타이탄〉의 덴젤 워싱턴

덴젤 워싱턴Denzel Washington은 중후한 연기자로 잘 알려져 있으며, 많은 사람들로부터 존경받는 배우이다. 그는 실제 사건을 기반으로 한 영화인 〈리멤버 타이탄Remember the Titans〉은 1971년 버지니아 고등학교의 흑인 풋볼 코치인 허먼 분Herman Boone의 역할로 연기하여, 그 해 풋볼 게임에서 우승하기까지의 과정을 거리고 있다. 보통 영화가 그렇듯이 그 역시 탁월한 능력을 지닌 코치로 팀을 승리로 이끈다. 그러나 그가 맡았던 이전의 뛰어난 배역들과 다른 어떤 특별한 것이 이 영화에는 있다.

퉁명스런 풋볼 코치로서의 역할을 어떻게 그처럼 실감나게 연기했는지 질문 받았을 때, 덴젤 워싱턴은 실제 모델인 허먼 분을 만났으며, 1971년 당시의 흑백 갈등에 대한 조사를 통해 연기에 대한 폭넓은 이해를 하고 있었다고 하였다. 여기까지는 배우가 영화를 준비하는 일반적인 과정이다.

그러나 촬영이 시작되자, 그는 연기하는 시간 이외에는 트레일러에 혼자 따로 떨어져서 머물렀는데, 이것이 그가 허먼 분이라는 극중 인물의 내면 속으로 더욱 가까이 다가설 수 있었다. 즉 덴젤 워싱턴의 연기가 설득력 있게 보인 것은 그가 허먼 분 역을 연기했기 때문이 아니라, 실제로 허먼 분이 되었고, 바로 자기 자신을 연기했기 때문이다.

난다.

연기 코치로부터의 통찰 우리는 연극이라는 예술에 대한 깊은 통찰을 얻기 위해 뉴욕에서 연기자이자 연기 코치로 활동하는 마라 호벨Mara Hobel을 인터뷰했다. 그녀는 배우가 진실하게 보이기 위해서는 주어진 배역을 이해해야 할 뿐 아니라, "해당 배역의 본질적 의미를 파악해야 한다."고 말했다.

호벨에 의하면, 목소리의 톤이나 억양, 얼굴 표정과 같은 기술들은 모두 '믿을만한 성과를 얻기 위해 절대적으로 필수적인' 진실함의 증명 단계라고 설명한다. 그녀는 배우란 청중을 사로잡기 위해 인간이라는 존재의 모든 측면들을 이용해야 한다는 것을 지적했다. 또한 "배우는 감정을 억누를 때 청중을 사로잡는다. 청중은 판토마임처럼 움직이는 배우의 몸짓을 무의식중에 읽고 있다."라고 하였다. 그러므로 자기 통제는 진정한 감정 연결의 실현을 위한 중요한 요소이다.

연기 코치로서 그녀는 학생들에게 배우란 무대 위에서나 삶 속에서나 "그들이 누구에게 그리고 어떻게 영향을 미치는지에 대한 책임감을 가질 필요가 있다."고 말했다. "전 학생들에게 제 단점들을 얘기합니다. 저는 정직해요. 학생들은 제가 인간임을 압니다. 사람들에게 얘기할 때, 저는 연기를 하는 게 아니에요. 저 자신이 되는 거죠." 그러므로 자기 인식, 감수성 그리고 자신에 대한 신뢰는 무대 위에서나 밖에서나 진실된 모습으로 보여진다. 원로 배우인 루이스 스테든Lewis Stedden은 다음과 같은 적절한 말을 했다. "무대 위에서 거짓말하는 건 불가능합니다."

이 모두는 직장에서의 정치의 기술과 연결된다. 속이는 사람보다는 믿게 하는 사람이 이루고자 하는 목적에 대한 깊은 감정적 느낌과 정치의 기술을 제대로 사용하는 사람이다. 감정을 표현하는 정치의 기술에는 언어뿐만 아니라, 목소리 억양, 침묵, 몸짓, 표정 그리고 약간의 포즈도 포함된다.

여성과 소수 인종의 정치의 기술 결여

직장 내의 성이나 인종 차별은 옛날 일이며, 오늘날에는 진정한 평등이 실현되고 있다고 말할 수 있다면 멋진 일이겠지만, 여성이나 소수 인종은 여전히 백인 남성에 비해 차별적인 처지에 놓여 있다. 이와 같은 불평등에 대해 다양한 의견들이 제시되고 수년간 논의되어 왔지만, 이 책의 내용과 관련하여 살펴보면 가장 유용하고 흥미로운 원인은 정치 기술의 부족이었다고 할 수 있다.

조직 연구에 따르면, 여성들은 남성들에 비해 일관되게 높은 성과를 보여주고 있다.("As leaders, women rule," 2000) 그러면 왜 기업 회장이나 사장들 가운데 여성들의 수가 많지 않을까? 매년 수천 명의 유능한 여성들이 경영대학원을 졸업하고, 그들 중 45%가 관리직으로 취업하는데, 주요 기업의 CEO로 성장하는 사람들의 수가 그처럼 적은 이유는 무엇일까? 여성들이 최고 직위로 올라가지 못하는 이유는 무엇일까?

연구에 의하면, 여성들은 많은 시간을 완벽한 보고서 작성에 소비하고, 탁월한 성과를 위해 열심히 일하므로, 사무실을 떠나 다른 사람들과의 네트워크를 구축하는 경우가 드물다는 것이다.(Isaacson, 2004) 우리는 여성들과 소수 인종들이 그들의 정치의 기술을 확대하고 연습할 수 있다면, 승진의 기회를 더 많이 가질 수 있을 것으로 본다.

게임의 법칙

정치의 기술 그 자체는 흔히 특권층만 갖고 있는 정보로서 조직 내에서 선택적으로 특정한 사원들에게 전달되어 그들의 성공적인 조직생활을 도와주는 것을 나타내기도 한다. 멘토 혹은 멘토링과 비형식적 정보 전달은 '비결', '게임의 법칙' 등이 적용되는 주요한 도구이다.

이 과정은 또한 동맹 관계 구축에 의해 중요한 정보가 전달되며, 중요한 장막 뒤에서 발생하는 거래에 있어서도 영향력 있는 네트워크에 접근할 수 있게 한다.

이는 특정한 개인들만 멤버십을 가지는 사적인 클럽 분위기에서 발생하며, 조직 내의 파워 엘리트를 구성하는 사람들과 전형적으로 유사하다. 결국 여성과 소수 인종들은 그러한 정보 없이 직장 생활을 해 나가야 하며, 따라서 게임의 법칙을 잘 익힌 강력한 정치의 기술을 갖춘 사람들과 급여, 승진 그리고 기타 가치 있는 보상을 두고 경쟁해야 한다.

사실 그러한 경쟁에서 여성과 소수 인종들은 규칙을 잘 모르는 게임에서 불공평한 경쟁을 벌여야 한다. 조직 내에서 성공하기 위한 정치 기술의 중요성과 여성과 소수 인종들에게서 볼 수 있는 정치의 기술 부족에 관해서는 입증된 연구들이 많이 있다.

이는 전혀 새로운 주장이 아니다. 존 페르난데스John Fernandez (1981)는 경영진의 정치적 측면에 대한 세심한 이해가 아마도 여성들과 소수 인종이 경영진에 진출하기 위해 배워야 할 가장 중요한 훈련임을 시사했다. 일부 사람들은 정치의 기술이 다양한 그룹들에 속해 있는 멤버들의 성공적인 커리어 관리에 결정적인 요인이며,(Roren & Lovelace, 1991) 정치의 기술은 조직 내 여성의 승진에 있어서 장벽으로 규정하였다.(Mann, 1995)

그러나 변화의 조짐이 나타나고 있다는 보고가 있다. 특히 혁신적인 예로서는 여성들의 인적 자원 온라인 네트워크인 멘토넷 MentorNet에서 엔지니어링, 과학 그리고 수학 분야에 종사하는 여성들을 도와주고 있다. MIT와 프린스턴을 포함하여 80개 이상의 대학과 AT&T와 Cisco를 포함한 20개 이상의 기업들이 여학생들과 해당 분야 멘토들을 연결해 주고 있으며, 취업 이전에 실제 정보와 네트워크 접근 기회를 제공하고 있다.

이와 같이 정치의 기술은 성공적인 경력 관리에 필수적이며, 조직의 직급 사다리를 올라감에 따라 더욱 그러하다. 샐리 크라우첵 Sallie Krawcheck이 스미스 바니Smith Barney의 CEO가 되었을 때, 모기업 씨티그룹이 투자자 횡령으로 4백만 달러의 벌금을 선고 받는 등 1990년대 월 스트리트 스캔들의 잔재를 이어받았다. 피해를 복구하는 데는 정치의 기술이 필요했으며, 크라우첵은 35개 도시를 방문하여 사과하고, 엔론과 월드컴 주식에 대한 스미스 바니 증권의 추천에 의해 투자 손실을 입은 수천 명의 고객들로부터 불만을 끊임없이 들어주어야 했다. 신뢰를 다시 얻기까지는 시간과 정치의 기술을 필요로 했는데, 그녀는 스미스 바니 증권의 손상된 명성을 회복하기 위해 이 둘 모두를 투입했다.

여성들은 정치의 기술을 사용하는 것을 좋아하지 않는다

샌디 만Sandi Mann(1995)은 조직 내에서 여성들은 남성들보다 낮은 권력을 가지며, 따라서 정치적 상황에 덜 참여하는 경향이 있으며, 이것은 그들에게 불리한 결과를 가져온다고 주장한다. 여성들은 선두로 나가기 위한 정치력과 영향력 행사를 선호하지 않으며, 그 대신에 명문화된 전통 규범을 따르고, 성공적인 커리어 관리를 주어진 과업의 성취와 기술적 숙련과 연관짓는 경향이 있다.

그리고 업무를 훌륭히 수행하고 능력을 발휘하면 조직의 충분한 보상을 받게 될 것으로 믿는 성향이 강하다. 그러므로 정치적 책략의 필요성을 그다지 느끼지 않는다. 여성들이 승진 등에 있어 성차

별의 피해자로 비춰지는 데는 그들에게 정치의 기술이 부족한 것에도 어느 정도 원인이 있다.

엘라 벨Ella Bell과 스텔라 은코모Stella Nkomo는 〈Our Separate Ways〉(2001)에서 그들이 만나본 많은 여성들이 승진 등의 경력 쌓기에 비형식적 네트워크의 중요성을 강조했음을 지적했다. 그들은 대부분의 기업에서 승진의 필수요소인 뛰어난 성과를 이루었지만, 그것만으로는 충분하지 않음을 발견했다.

남보다 앞서기 위해서는 멘토 관계, 스폰서 그리고 동료의 지지와 같은 비공식적 네트워크에 접근할 수 있는 능력이 필요했다. 또한 인간관계가 중요해질수록, 정규적인 비즈니스 절차는 덜 중요해지는데, 인간관계가 비즈니스 의사 결정을 좌우하기 때문이다.

벨과 은코모가 관찰한 한 가지는 올드보이 네트워크(전통적이고 권위적인 남성들의 리더십이 지배하고 있는 네트워크 – 역자 주)의 지속적인 강세이다. 여성들과 소수 인종들은 그들의 진보를 가로막는 벽을 부수고 나아가는 것이 아니라, 그 벽을 타 넘는다. 그러므로 그 벽은 여전히 굳건히 남아 있다. 아마도 벽을 부수는 한 가지 방법은 정치의 기술 이용과 멘토 관계를 통해 얻어진 인적 네트워크를 활용하는 것이다.

남성들은 충성심, 우호적 교류 그리고 보호로 구축된 비공식적 시스템을 이용하며, 정치학을 게임의 법칙의 한 부분으로 본다. 정보에 대한 신속한 접근과 조직 내의 정치적 상황을 파악하기 위해 비공식적 시스템을 이용한다. 여성들은 반대로, 정보와 지원을 얻기 위해 공식적 조직 시스템에 의존하는 경향이 있으며, 정치학을 장애물로 여기고 있다.

기업 내에서의 정치학의 가치를 부정한 결과, 여성들은 종종 정치적으로 순진하고 무지하다. 이는 그들의 직장 생활에 이익이 될 수 있는 조직 내의 힘 있는 사람들과의 관계 구축에 능력을 발휘하지 못하게 만드는 장애가 된다.

멘토링을 통해 여성들은 그들의 정치의 기술을 다듬고, 네트워크와 사회적 자원의 강력한 토대 위에서 활동하며, 결과적으로 직장 내 승진 기회를 늘릴 수 있다.

결 론

이 장은 정치의 기술과 그것의 여러 측면들을 개발할 수 있는 다양한 방식들을 살펴보았다. 드라마 형식으로 역할 역기를 하는 훈련은 참가자들의 감정 이입을 강조하는 하고 있으며, 정치의 기술이 개발되고 사용될 수 있는 다양한 방법들을 보여주는데 특히 효과적이다.

임원 코칭은 최고 경영자들이 정치적 상황을 인식하고, 그에 합당한 효과적인 전략 개발 방법을 익히는데 도움이 되는 기법들로 점점 더 인기를 얻고 있다. 정치의 기술의 이해와 구축에 효과적인 다른 방법들로는 비평과 피드백 활동, 피드백이 있는 비디오테이프 역할극 활동, 리더십 훈련, 행동 모델링, 멘토링 그리고 발달 시뮬레이션 등이 있다.

정치의 기술은 점점 더 핵심적인 능력으로써 직장에서의 성공을 위한 필수 요소로 인식되고 있으며, 따라서 인적 자원 교육과 개발 과정에 포함되어야 할 핵심 과정의 일부로 자리매김하게 될 필요가 있다.

2부

비즈니스에서의 효율적인 정치의 기술 활용

4. 우수한 인재의 선발과 채용

　취업을 하는데 정치의 기술이 반드시 필요한 것은 아니지만, 중요한 요소이다. 직원 채용에 있어서도 적합한 지능과 교육 그리고 경험을 갖춘 여러 후보들을 불러 모아 면접을 통하여 이루어지는 인재 선발 과정에서 정치의 기술은 결정적 역할을 한다.

　정치의 기술이 뛰어난 사람들은 면접관들로부터 직무 적합성 측면에서 높은 점수를 받으며, 채용될 가능성이 높다. 이는 정치의 기술을 갖춘 사람이 그렇지 않은 사람들에 비해 직원들의 인격, 문화, 직장의 가치, 조직 또는 근무 팀이나 그룹의 결합체들과 조화를 이루어 직무를 처리함에 있어서 보다 적합한 사람으로 인식되기 때문이다. 오늘날 직무에 적합한지 여부가 점점 더 선발 과정의 일반적 기준이 되고 있다.

이 장에서는 오늘날 인재 채용 과정을 살펴보고, 지원자들 중 채용된 사람들과 그렇지 못한 사람들을 비교함으로써, 면접관들이 후보자의 직무 적합성 여부를 판단하는 기준을 알아본다. 그리고 적합성 평가와 최종 채용 결정에서 정치 기술의 역할을 알아보고, 구직 과정에서 정치 기술의 중요성을 보여주는 예들을 제시한다.

고용 절차

대부분의 사람들은 직장이나 단체에 소속되어 다른 사람들을 위해 일을 하면서 생활하고 있으며, 항상 조직 구성원으로서 존재한다. 입사지원자들이 채용되기 위해서는 앞에서 말한 장애들을 제거해야 한다. 공식적인 채용 절차가 때때로 정실 인사 혹은 개인적인 관계로 인해 건너뛰기도 하지만, 대부분의 채용 시스템은 모든 정보가 모아지고 다른 후보들과 비교된 후, 최종 결정에 이르는 여러 단계를 거친다.

인재 채용이 항상 체계적인 과정으로 이루어지는 것은 아니다. 18세기 후반과 19세기 초반에 이르는 산업혁명 기간 동안, 공장 시스템의 등장으로 인해 재화의 생산이 개인적 장인에 의한 가내 수공업 단계에서 규모의 경제와 대량생산이 가능한 협업 생산체제로 옮겨가면서, 자본가의 수익성이 증가하였다. 당시 사람들은 경력이나 특별한 기술 없이 채용되는 것이 일반적이었다. 그러므로 채용 기회는 모집 광고에 남들보다 먼저 보는 사람에게 주어졌다.

고용에서의 심리학

20세기 초, 독일의 심리학자 휴고 뮌스터버그Hugo Münsterberg는 미국으로 이주하여 보스턴에 정착하였다. 심리학은 태동 단계에 있었다. 뮌스터버그는 1800년대 후반에 독일 라이프치히에서 진행된 최초의 정규 심리학 강좌를 통해 심리학을 공부하였다. 경험 심리학을 배운 그는 심리학의 기본 원칙이 작업장에서 사람들의 행동을 이해하는데 적용될 수 있다고 생각했다.(이후 그는 '응용 심리학Applied Psychology의 대부'로 불리게 된다.)

당시 보스턴은 운송 시스템과 관련된 여러 가지 문제들을 겪고 있었다. 뉴욕이나 시카고 그리고 보스턴과 같은 대도시를 둘러보는 전통적인 방식은 철도원이 조작하는 전차를 이용하는 것이었다. 철도원이 되기 위한 자격 요건 같은 것은 없었으며, 그저 먼저 오는 사람에게 고용 기회가 주어졌다. 이러한 채용 절차의 결과로 인해 결국에는 자격 요건의 미비 또는 낮은 업무 성과, 높은 이직률 그리고 작업장에서의 문제 발생이라는 값비싼 비용을 지불하게 되었다.

뮌스터버그는 시청을 찾아가서 보다 체계적이고 과학적인 방법으로 철도원을 고용하면 운송 시스템을 교정하는데 도움이 될 수 있다고 제안했다. 먼저 그는 작업장이 요구하는 업무, 의무 그리고 행동을 관찰하고 분석하여, 그러한 의무를 효과적으로 수행하는데 필요한 지식, 기술 그리고 능력(KSAs : Knowledge, Skill and Abilities)을 정리하였다. 그 다음 그는 지원자에게서 그러한 핵심적인 KSAs를 평가하는 최선의 방법을 고안하였는데, 핵심 KSAs에서 가장 높은 점수를 받은 사람이 해당 직무를 가장 잘 수행할 것이라 주장하였다.

보스턴시는 뮌스터버그의 계획을 실행으로 옮겼으며, 그 결과 철도 시스템이 제대로 작동하게 되었다. 이 새로운 시스템에 따라 채용된 철도원들은 일관되게 높은 작업 성취도와 낮은 이직률 그리고 예산의 절감을 가져다주었다. 뮌스터버그가 도입한 것은 최초의 정규인력 선정 시스템인데, 이는 다음 세기 동안 인재 선정 절차와 채용의 표준 모델이 되었다.(이 사건에 대한 자세한 내용은 Münsterberg 1913, Dulebohn, Ferris, & Stodd, 1995. 참조)

나아가 이러한 초창기에조차도 뮌스터버그는 인적 요소의 본질적 특성을 이해하고 있었다. 그는 생산의 3대 요소(그 시대의 용어로, 원료, 기계 그리고 사람) 중에서 사람이 가장 중요한 요소임을 알고 있었다. 흥미롭게도 지난 십여 년간 점점 더 많은 기업들이 이러한 사실을 깨닫고 채용 절차에 적용하고 있으며, 이러한 접근 방법은 적합성이라는 개념에 의해 적용되고 있는 것으로 보인다.

적합성에 바탕을 둔 선발

대학 교수로서 우리는 매년 캠퍼스를 순회하며 졸업생들을 자주 접하는 기업의 채용 담당자들과 만날 기회가 자주 있다. 이들과 대화를 나누면서 우리는 그들이 어떤 유형의 학생들을 원하는지 물어보는데, 그 대답은 뻔한 것이었다. 채용 담당자들은 "적합성을 갖춘 사람을 찾고 있습니다."라고 하였다. 그게 무슨 뜻인지 물어보면 역시 변함없는 대답이 들려온다. "아시다시피, 적합성이 있는 누군가를 찾는 거죠." 적합성이 있다는 것은 그들에게 어딘가 고유한 무엇이겠지만, 그게 무엇인지 알 수 없으므로 좀더 상세한 설명을 부탁하면 약간의 고민 끝에, 그들은 항상 다음과 같이 말한다. "설명하기는 어렵지만, 딱 보면 알 수 있습니다."

적합성의 본질 흥미롭기도 하고 때론 실망스럽기도 하지만, 정의하기 어려운 문제가 하나의 기준으로 설정되기도 한다. 적합성의 의미를 연구하고, 그 의미에 대해 보다 정확한 정의를 개발하려는 일련의 노력이 있었지만, 그 결과는 신통치 않았다.

여러분들이 그 질문에 답할 수 있다면, 적합성 개념에 관해 약간 더 정확해 질 수 있을 것이다. 무엇에 대한 적합성인가? 이 경우 적합성 판단은 조직과 직무, 그들이 참여해야 하는 팀과 그룹, 조직 문화 또는 조직이 가진 가치 등을 평가 요소로 삼아 지원자를 평가하는 것이 분명하다. 취업 지원자를 평가하는 기준이 되는 범주 혹은 척도의 범위에 적합할수록 해당 지원자는 높은 평가 점수를 받을 수 있으며 취업의 기회가 높아진다.

취업 인터뷰와 적합성　취업 인터뷰는 지금까지 그래 왔지만 앞으로도 일반적인 인재 선발에 있어서 유력한 과정과 도구이며, 이 과정을 통해 기업은 지원자가 해당 직무와 조직에 얼마나 적합한지를 결정한다. 전체적인 인재 선발 과정에서와 마찬가지로 채용 인터뷰는 면접관들에게 그들 스스로 관리되지 않는 독특한 인상으로 기억되기를 원하면서도, 다른 사람들은 어떤 인상을 갖고 있는지 주의깊게 살피는 일에 더욱 관심을 갖게 되는 상황에 놓이게 된다. 즉 자기 자신에 대해 신경을 쓰기보다 함께 경쟁하게 될 다른 사람의 이미지에 관심을 더 갖는다는 것이다.

　채용 담당자들은 그들 조직의 지위와 명성 그리고 다른 장점을 최대한 자랑하여 자격이 있는 후보들을 가능한 한 폭넓게 모집한다. 지원자들 또한 가급적 많은 취업 기회와 방법들을 원하며, 면접관들에게 좋은 인상을 심어주고, 해당 직무에 적합한 후보로 평가 받기 위해 다양한 시도를 한다.

　동시에 면접관과 입사지원자 모두 보기 좋게 치장된 상대방의 겉모습에 감추어진 면을 보려고 애쓴다. 헌신적이고 열정적인 사람인가 아니면 게으른 사람인가? 보상이 충분한 회사인가 아니면 고생만 기다리는 곳인가? 또는 직무에 적합하고 성공할 수 있는 잠재 능력이 있는가? 그리고 자신에게 적합하고 성공할 수 있는 회사인가?

등을 파악하려고 노력한다. 양측 모두 정치의 기술이 승부를 좌우한다.

이와 같이 적합성의 이미지를 관리하려는 의도적인 노력들은 오히려 의사 결정자로 하여금 잘못된 결정을 내리는 결과를 낳기도 한다. 진정한 적합성은 양측 모두 제한된 정보에 의해 결정해야 하기 때문에 선발 단계에서 완전히 알 수 없는데, 어떤 사람들은 그러한 결정이 내려지는 상황을 다음과 같이 표현한다. "자기의 본연의 모습이 아니라, 겉모습이 결정한다."

정치의 기술과 적합성

앞에서 살펴본 바와 같이 직무 적합성이란 정확히 정의하거나 설명하기 어려우며, 정의되는 것보다는 직관적인 느낌에 가깝다. 의사 결정자들은 그들이 말하는 적합성을 정확히 정의하려고 열심히 노력하지만, 매우 적합하거나 매우 부적합한 경우에만 그렇다고 말할 수 있을 뿐이다. 적합성은 설명하기 어려운 인간적 자질이며, 정치의 기술이 뛰어난 사람을 만났을 때 느끼는 감정과 비슷하다.

사실 우리는 정치의 기술이 뛰어난 사람들이 직무와 조직 문화에 적합한 것으로 보이는 경향이 있다고 생각한다. 정치의 기술이 뛰어난 이들은 상황을 평가하기 위한 사회적 통찰력과 적합성을 가지며, 적합한 영향력 전략(설득을 할 수 있는 적절한 방법들을 통합한 것)을 수립하고 진실하고, 성실하며, 신뢰할만한 방식으로 이를 실행한다.

정치의 기술을 가진 사람들에 의한 성공적인 영향력은 1장에서 살펴본 바와 같이 다음 두 가지의 결과를 나타낸다.

- 첫째, 상황을 정확하고 기민하게 읽을 필요가 있으며, 특정한 상황에 맞는 영향력 전술 혹은 전략을 선택한다.
- 둘째, 성공으로 이끌어갈 확신에 찬 방식으로 해당 전술 혹은 전략을 실행할 필요가 있다.

채용 인터뷰에서 상호간에 영향력을 발휘하기 위한 노력은 일반적으로 환심을 얻거나 혹은 자기를 선전하는 형태를 취한다. 환심을 사는 것은 면접관의 호감을 사기 위한 전술이며, 자기선전은 자신의 적합성을 심어주기 위한 것이다. 지원자는 종종 이 둘 모두 혹은 어느 한 전술을 이용하여, 자신의 적합성에 관한 강한 인상을 심어주려고 한다.

그러나 이러한 기술이 부족한 지원자들은 자기선전이 더 적합한 상황에서 환심전술을 선택하는 경향이 있다. 채용 면접에서의 인상관리에 관한 연구 결과, 인터뷰에서 환심전술을 선택한 지원자들은 자기선전 전술을 선택한 지원자들에 비해 낮은 평가를 받은 경향이 있음이 드러났다.(Gilmore, Stevens, Harrell-Cook, & Ferris, 1999. 참조)

결론적으로 주목할만한 점은 정치의 기술을 가지고 인터뷰에서 자신의 강점을 논의하고 표현하는 것이 그저 면접관에게 환심만 사려는 것보다 훨씬 효과적인 결과를 낳을 수 있다는 점이다.

이 게임의 비공식적 규칙이자 채용 면접에서의 암묵적 기대는 입사지원자가 재능과 기술을 골고루 갖춘 사람이며, 해당 직무에 적합한 사람으로 보이도록 최선을 다해 노력해 달라는 것이다. 면접관들은 응모자들이 자기를 알리고 표현해 주기를 기대한다. 만약 지원자가 이러한 기대에 어긋나는 행동을 하고 그저 환심만 사려고 한다면, 이것은 해당 지원자의 약한 모습으로 해석될 것이며, 자질에 대해서도 낮은 평가를 받기 쉽다.

그러므로 지원자들은 인터뷰 상황을 파악하고, 그들이 지원하는 직무의 특성과 요구되는 기술과 적합성, 그리고 그러한 상황에 자신이 적합하게 보이기 위한 방법 등을 결정하는 것 등에 대해 설득할 적절한 방법을 선택해야 한다. 정치의 기술이 뛰어난 사람들은 각각의 상황에 맞는 전술을 선택할 줄 안다. 그러나 적절한 설득 전술이 선택되었다 해도, 효과적으로 실행되지 않으면 의미가 없다.

정치의 기술이 부족한 사람들 역시 상황에 적절한 전술을 선택할 수 있다. 그러나 효과적으로 실행하는 데는 어려움에 봉착할 것이다. 예를 들면 자기선전은 자칫 꼼수로 보일 수 있다. 면접관들은 거만하거나 과대망상을 판단하는 일정한 기준이 있으며, (사회적으로 우리는 거만함이나 과대망상을 낮게 평가하는 경향이 있다.) 더불어 나약하거나 무능함 역시 낮게 평가한다.

주의를 기울여 기준이 되는 선을 파악하고, 거부감이 들지 않게 주의하여 자신의 긍정적인 측면을 선전해야 한다. 멍청이를 채용하려는 사람은 없다. 정치의 기술이 뛰어난 사람은 적당한 수준의 사회적 잣대에 맞는, 잘 조율된 자기선전을 할 수 있다. 즉 자신이 해당 직무에 적합하다는 이미지를 적절하게 균형을 맞추며, 올바른 이미지를 전달한다.

인맥을 통한 취업

인맥관리 또는 네트워킹에 있어서의 정치의 기술 역시 채용 과정에 큰 영향을 미친다. 1장에서 살펴보았듯이, 네트워킹 기술은 오랜 시간에 걸쳐 축적된 전문가들의 커넥션, 동맹, 연합 그리고 우정을 기반으로 하고 있으며, 이러한 여러 가지 요소들은 영향력을 발휘해야할 때 끌어다 쓸 수 있는 사회적 자본이 된다.

"무엇을 아느냐가 아니라 누구를 아느냐."라는 속담에는 위대한 진실이 들어 있다. 비록 이러한 표현이 냉소적이거나 현실주의로 사용되기는 하지만, 무엇을 아는지와 누구를 아는지는 모두 필요한 것이다.

우리는 자신에게 맞는 전문가 네트워크를 확장하고, 중요하고 의미 있는 방식으로 영향력 있는 사람들과 친교를 맺음으로써, 자신의 능력에 관해 강력하고 긍정적인 메시지를 전달할 수 있다. 자신의 인맥관리 능력과 그 결과물인 사회적 자원은 상대방으로 하여금 우호감을 불러일으키며, 영향력 있는 사람들의 이름을 주의 깊게 언급함으로써 취업 기회에 한 걸음 더 다가설 수 있다.

다시 한번 강조하건데, 정치의 기술을 갖춘 사람들은 그러한 인맥 정보를 효과적으로 이용하는 방법과 이를 상대방의 기분을 상하게 하지 않고 주도면밀하게 전달할 수 있는 미묘한 방법을 알고 있는 사람들이다.

인터뷰에서의 정치의 기술에 대한 연구

우리가 단지 정치의 기술에 대해 직관적 측면에만 의존하고, 이를 채용 과정에서 어떻게 이용할 것인지에만 관심을 가진 것이 아니라는 점을 보여주기 위해, 이 주제에 관한 약간의 연구 결과를 살펴보고자 한다. 놀라운 일이 아니지만, 정치의 기술은 채용 인터뷰 과정에서의 성공과 밀접한 관계가 있다.

기업 채용 담당자들 미국 중서부의 대졸 예정자들을 채용하기 위한 업무를 담당했던 다양한 기업들의 채용 담당자들을 대상으로 진행된 한 연구를 살펴보자.(Higgins, 2000) 이 연구에는 당시 채용 인터뷰를 하였던 학생들이 참여하여, 그들의 정치의 기술을 측정하는 설문지에 응답하였다. 이 연구에 참여한 면접관들은 학생들과의 인터뷰 이후 설문 조사에 응했으며, 해당 학생이 제시된 직무와 조직에 얼마나 적합한지에 대한 그들의 생각을 기술하도록 하였으며,

또한 해당 학생이 채용되도록 추천할 것인지와 해당 학생에 대한 그들의 평가 수준을 적어냈다.

데이터 분석 결과에 의하면, 지원자의 정치의 기술이 직무 적합성과 조직 적합성에 대한 면접관의 평가에 중요하면서 긍정적으로 작용하고 있는 것이 밝혀졌다. 더욱이 지원자의 정치의 기술은 면접관의 추천과 더불어 긍정적인 평가와도 깊은 관련이 있다.

공기업체 면접관들 지원자의 정치의 기술과 면접관의 평가에 대한 또다른 연구는 약간 다른 결과를 보였다.(Gilmore & Ferris, 1989) 미국 중서부에 위치한 공기업체에서 파견된 면접관들이 위의 연구자들이 행한 훈련과 개발 프로그램의 일부인 모의 채용 과정에 참여하였다. 이 모의 채용 과정에서 면접관들은 고객 서비스 부문의 직무에 대한 설명을 듣고, 해당 직무에 아주 부합하거나 혹은 전혀 그렇지 않은 여성의 이력서를 받았다.

그리고 나서 모든 면접관들은 그들이 평가한 이력서의 주인공이 등장하는 두 개의 면접 비디오테이프 중 하나를 시청하였다. 절반의 면접관들은 정치의 기술을 보이도록 훈련된 지원자의 비디오테이프를 시청하였다. 지원자는 자주 면접관을 응시하고, 웃음을 지으며 면접관의 질문에 응답하는 태도와 기타 정치의 기술을 갖춘 행동을 보였다. 나머지 절반의 면접관들은 아무런 감정도 실리지 않고, 미소나 정치의 기술에 해당하는 행동을 보이지 않는 지원자를 관찰하였다. 그 후 면접관들은 응시자들의 채용 여부에 관한 판단과 응시자가 비디오테이프 인터뷰를 얼마나 잘 수행했는지 그리고 해당 직무에 얼마나 적합할지에 대한 평가를 제출하였다.

그 결과에 의하면 지원자의 객관적 자질(해당 직무에 적합하거나 혹은 부적합하게 의도적으로 제시된 이력서 내용)이 지원자에 대한 면접관의 평가와 전혀 무관함이 드러났다. 평가의 유일한 배경은 지원자의 정치의 기술이었으며, 그것이 면접관의 채용 의사와 직무에 대한 적합성 판단, 인터뷰 수행에 대한 평가에 영향을 미쳤다.

정치의 기술과 특정한 채용 목표를 위한 적합성

정치의 기술은 채용 과정의 전반에 영향을 미친다. 두 가지 다른 예를 살펴보자. 이 예들은 정치의 기술이 CEO와 대학 교수의 채용 과정에서 지원자의 적합성을 시사하는 방식을 보여준다.

기업 CEO 채용 기업의 중역들은 해당 조직의 비전과 전략을 수립한다. 그러므로 적합한 CEO를 고용하는 것은 해당 조직의 가장 중요한 의사결정 과정이 된다. 적합한 CEO는 특정 산업에 대한 지식은 물론, 직원들의 신뢰와 희망 그리고 동기를 부여할 수 있는 능력을 갖추어야 한다. 크라이슬러에서 있었던 리 아이어코카Lee Iacocca의 생생한 예를 살펴보자. 아이어코카는 "아메리카의 새로운 아이콘이며, 축복의 CEO"로 불린다.(Marchica, 2004, p. 74)

존 마치카John Marchica는 그 자신도 CEO로서, 카리스마를 지닌 전형적인 CEO이며, 주가 상승을 이끈 유능한 CEO들과 파산을 불러들인 다른 CEO들에 대한 이야기를 들려준다. 동시에 그는 IBM의 거스너 회장이나 애플의 스티브 잡스처럼 기업의 운명을 바꾼 CEO들에 대해서도 잘 알고 있다. 그들은 모두 성공에 이르는 정치의 기술을 갖추었으며, 또한 해당 산업에 대한 깊은 이해와 불굴의 정신력을 갖춘 사람들이다.

정치의 기술은 지도자가 반드시 효율적임을 의미하지는 않는다. 그들은 이기적이고 비도덕적일 수도 있다. 그러나 정치의 기술 없이는 효율적이기 어렵다. 그러므로 CEO나 고위 경영자를 고용할 때는 그들의 도덕적 행동과 성공 그리고 산업에 대한 지식을 두루 살펴보게 된다.

또한 정치의 기술은 고용 결정에서 중요한 요소이지만, 유일한 판단 요소는 아니다. 정치의 기술을 통해 후보자의 성실성, 동기부여 능력은 물론 해당 산업에 대한 지식 등 기업의 이익을 위해 발휘될 자질을 평가할 수 있다.

대학 교수의 채용 대학 교수의 채용 과정은 적합성을 평가하는 두 단계로 구성되는 것이 일반적이다.

첫 단계는 대학 측은 지원자가 박사 학위를 취득한 대학의 수준과 연구 성과, 교수법 그리고 추천자들의 명성 등을 평가한다. 적합성에 관한 기술적 측면은 직무 적합성으로 분류될 수 있는데, 이는 후보자의 교수직 수행 능력을 평가하는데 집중하기 때문이다. 지원자의 직무 적합성 평가 결과에 의해 후보들 중 일부가 캠퍼스에 초대된다.

두 번째 단계에서 후보자들 간의 우열을 나뉘는 것이 정치의 기술이다. 캠퍼스에 초대된 후보자들은 직무 적합성 서류 심사를 통과한 사람들이므로, 남은 평가는 해당 후보자가 대학의 교수진과 얼마나 잘 어울릴 수 있는지를 평가하는 것이다. 후보자들은 며칠 동안 캠퍼스를 방문하여, 해당 학과의 교수들과 1:1 면담을 갖는다. 박사 과정의 학생들과 단체 면담을 가지며, 그들의 연구를 형식에 맞추어 설명한다. 학장을 비롯한 몇몇 보직 교수들과도 면담을 하게 될 것이다.

그러한 형식적 모임 외에도 그들은 아침과 점심, 저녁 식사를 함께 하며, 리셉션 행사 등을 통해 적합성 평가에 계속 임하게 된다. 이러한 교류를 통해 후보자의 자질이 평가되지만, 채용을 담당하는 부서의 관심은 다음 질문들에 집중한다.

- 후보자가 기분 좋은 동료가 될 것인가?
- 다른 교수들이 이 사람을 좋아할 것인가?
- 후보자는 조직의 일원으로 책무를 감당할 것인가?

확실히 후보자의 행동, 교수진과 학생들에게 제시된 모습 그리고 사회적 통찰력과 적합성 모두 후보에 대한 교수진의 평가에 일정 부분 영향을 미친다. 그러므로 정치의 기술을 갖춘 후보자들은 교수로서 비슷한 자질을 갖추었음에도 정치의 기술이 뒤처지는 후보자들보다 유리한 고지를 점유하게 된다. 왜냐하면 직무 적합성은 첫 단계에서 이미 걸러졌기 때문이며, 두 번째 단계는 후보자에 대한 다른 교수진들의 호감 여부에 집중하기 때문이다.

정치의 기술을 갖춘 후보자들은 상황을 기민하게 파악하고, 청중에 깊은 인상을 남기며, 답변과 행동을 통해 자신이 조직에 적합한 사람이란 느낌을 전달한다. 따라서 새로운 직장을 얻게 된다.

결 론

오늘날 우수한 인재의 채용 여부는 채용대상자가 직무와 회사 동료 그리고 조직에 얼마만큼 적합한지에 따라 결정된다. 사실 후보자의 적합성 여부는 채용 담당자가 받는 직관적 판단 혹은 느낌과 다소 상관이 있다. 정치의 기술을 익힘으로써 채용 과정에 어떻게 대처할지, 설득 전술을 어떻게 선택할지, 그리고 경쟁에서 이겨 채용 과정의 최후 승자가 되기 위한 방법을 얻게 된다. 일단 고용되면, 직무의 효과적인 수행과 성공적인 경력 관리에 관심을 갖게 될 것이다. 여기서도 정치의 기술은 주요한 역할을 수행하는데, 이는 다음 장의 주제이다.

5. 성공적인 직무 수행과 커리어 관리

조직이 특정한 직무를 수행하기 위해 사람들을 선발하는 것은 두 말할 필요가 없으며, 오늘날 점점 더 많은 시간과 돈을 투자하여 직무를 가장 잘 수행할 듯한 후보를 선택하고 있다. 또한 조직 내에서 보다 높은 자리로 진급하여, 보다 큰 일을 처리하게 될 잠재력이 있는 사람들을 찾고 있다. 만약 당신이 직장을 구했다면, 면접관들 중의 누군가가 업무 능력을 높이 평가했기 때문이다. 그렇게 평가해주는 사람이 있기 때문에 당신이 업무를 잘 처리하게 될 수도 있다.

어떤 직무는 상당한 육체적 노동 강도를 요구하며, 무거운 물건을 들 수 있는 체력이 없다면 제 아무리 정치의 기술이 뛰어나도 채용되기 어렵다. 마찬가지로 어떤 직무들은 첨단의 지식과 기술을 요구하며, 역시 정치의 기술이 그러한 지식과 기술을 대체할 수는 없다. 그러나 많은 직무들이 다른 사람들과 더불어 혹은 다른 사람들을 통해 진행되므로, 신체적이고 기술적인 능력은 직장을 구하는 필요 조건이 될 수 없다. 이러한 직무들은 효과적인 수행에 필요한 정치의 기술을 함께 요구한다.

이 장은 정치의 기술이 어떻게 그리고 왜 직무 성과의 훌륭한 사전 지표가 될 수 있는지에 관한 증거들을 살펴본다. 우리는 다양한 직무 성과 범위들을 통해 직무를 효과적으로 수행하는 것이 어떤 의미인지 알아볼 것이다. 아마도 단순한 수작업이나 기계 조작과 같은 단조로운 제품 생산이 주된 요소인 직무에서는 정치의 기술이 활용될 수 있는 영역이 좁을 것이다.

그러나 대부분의 직무에서 상급자의 다소 주관적 기준에 따라 직원의 성과가 평가되며, 따라서 인간관계 이슈들이 대두되고, 정치의 기술이 결정적 역할을 수행한다.

우수한 근무 성적을 지속적으로 유지하는 것은 임금 인상이나 진급에 중요한 요소이다. 그러나 직무 성과가 전반적으로 성공적인 커리어를 위한 즉각적인 혹은 장기적인 보상의 유일한 기준은 아니다. 자신의 경력은 장시간에 걸쳐 형성되며, 자신의 능력을 보여주는 여러 직위와 직장들 그리고 경험의 집합체이다. 다양한 직무와 기회를 통하여 어떻게 이동하고 승진하였는지, 초기에 두각을 나타내며 기회를 유리하게 활용하고 창출하는 위치에 배정되는지 하는 것들은 당신이 정치의 기술을 어떻게 활용하였는지를 보여준다.

정치의 기술을 통해 우리는 자신의 근무 성적을 넘어서는 성공적인 커리어 관리에 이를 수 있다. 자신 앞에 제시된 기회들을 활용할 수 있는 직위에 올라설 수도 있고, 스스로 기회를 만들어 나갈 수도 있다. 급여, 승진 그리고 특권적 지위는 모두 성공의 지표들이며, 하나같이 정치의 기술에 의해 좌우될 수 있는 것들이다.

직무 성과란 무슨 의미인가?

직무 성과는 지난 수십 년간 경영진들과 연구자들 모두에게 주요한 관심사였다. 뮌스터버그가 보스턴의 철도원 모집 방법을 개선한 한참 뒤에도 직무 성과의 정의는 각각의 직무를 구성하는 과업과 책임만 포함하였다. 그러나 직장에서의 성과를 연구하는 학자들은 그것이 인간관계와 동기부여 측면과도 관련이 있음을 깨닫기 시작했다.(Campbell, 1990)

어떤 누군가가 직무 수행을 위한 형식적 요건은 만족시켰지만, 다른 동료들의 근무를 힘들게 만든다면, 조직 전체로 봐서는 손실이라는 상식을 그제야 깨달은 것이다.

직무 성과의 측면들

1장에서 논의하였듯이, 우리는 거의 모든 직종에 대해 직무 성과

task performance와 상황적 성과contextual performance를 구분해 보고자 한다. 직무 성과는 특정한 직종에 대한 일련의 과제와 책임이다. 즉 한 직종을 다른 직종과 구별 짓는 특성이다. 상황적 성과는 조직의 사회적 구성을 유지하는데 도움이 되는 모든 직종에 고유한 행동 양상을 말한다. 다른 사람들과 협동하는 것, 요청 받기 전에 남을 돕는 것, 규정을 따르는 것, 임무를 완수하는 것 등이다.

이 두 유형의 성과와 관련된 직무 행동이 다름에도 불구하고, 정치의 기술 수준의 측정을 통해 어떤 직원들이 이 각각의 부문에서 높은 성과 수준을 달성할지를 미리 예측할 수 있음을 발견했다.

객관적 직무 성과와 주관적 직무 성과

직무 성과는 다양한 방식으로 측정될 수 있으며, 대상 직종에 따라 다르다. 기계 조립공의 직무 성과를 측정하는 한 가지 방식은 일일 생산량을 계산하는 것이다. 이것은 어떤 추측이나 직감, 혹은 의견도 개입되지 않는 객관적 측정이다. 단지 물리적인 계산일뿐이다. 그러나 이처럼 깔끔하고 객관적인 성과 측정 방법이 적용될 수 있는 직종은 많지 않다. 그 대신 대부분의 조직은 1년에 한 번씩 상급자에게 하급 직원의 직무 수행 평가를 일임한다.

대부분의 상급자들은 최선을 다하지만, 평가란 본질적으로 주관적이다. 그들은 해당 직원이 직무를 얼마나 잘 수행했는지에 관하여 그외의 요소들도 상당 부분 고려한다. 해당 직원과의 관계와 좋은지 여부 그리고 그 직원의 향후 잠재성에 대한 평가 등이다. 즉 성과 평가는 그들의 주관에 의해 영향을 받을 수 있으며, 이는 정치 기술의 영역이 개입될 소지를 제공한다.

뛰어난 직무 수행에 필요한 것들

어느 한 조직의 성과는 해당 직원 개개인의 성과를 합친 것으로 생각할 수 있다. 회사는 직원들이 업무를 잘 수행하도록 하는데 관심이 있으므로, 직원들이 성과를 이루는데 필요한 특성과 자질을 구별해 내는데 많은 시간과 자원을 투입한다.

현재까지의 관행 검토

지능은 최고의 업무 수행을 하는데 필요한 자질로 널리 알려져 있다. 일반적으로 많은 사람들은 모든 직무들의 성과에 대한 효과적인 예측 지표로 지능을 꼽는다.(Schmidt & Hunter, 1998) 즉 어떤 직종이든 똑똑한 사람을 고용하는 것이 최선이라는 것이다. 그러나 우리는 비록 지능이 일부 직종에는 매우 중요한 자질이기는 하지만, 다른 직종에 있어서는 다른 종류의 기술과 능력이 더 중요하다고 본다. 단순 업무만 반복하는 일부 직종에서는 지능이 재앙이 될 수도 있다.

또한 지능 그 자체는 성공을 위한 필요 조건은 아니다. 가령 관리자들은 단순한 지능 이상의 자질을 요구한다. 제2차 세계대전 이후 출간된 151개의 연구에 대한 검토에서 연구자들은 지능이 지도자의 효율성과 큰 상관 관계가 없음을 발견했다.(Judge, Colbert, & Ilies, 2004) 그들은 카리스마와 정치의 기술과 같은 사회적 기술이 지도자의 효율성과 성공에 가장 결정적 요소라 결론지었다.

지금까지 조사된 결과에 의하면 가장 우수한 직무 성과의 예측 지표는 인격personality이다.(Mount & Barrick, 1995) 양심, 영향력, 외향성, 경험에 대한 열린 마음 그리고 정서적 안정성(이를 'Big 5'라 칭한다.)이 가장 빈번하게 고려되는 자질들이며, 직무 성과와 밀접한 관계가 있음을 입증하였다.

인격은 일반적으로 타고난 것이며 쉽게 형성되거나 개발될 수 없는 것으로 여긴다. 또한 만약 자신이 특정한 인격 혹은 기질을 가졌다면, 그러한 기질들은 심리적 형태를 구성하는 중요한 부분이며, 자신이 마주한 모든 직무 상황에서 원하든 원하지 않든 그와 연관된 행동을 보일 것이라는 것이 일반적 관점이다. 이것은 오늘날 기업 문화의 변화하는 요구와 모순적일 수 있다.

영역의 확장

앞에서 살펴보았듯이, 특정한 직무를 수행하는 사람이 아니라 조직에 적합한 사람을 고용하는 것이 오늘날의 추세이다. 즉 다양한 직무 상황에서 오랜 시간동안 동일하게 효과적인 업무 수행이 가능한 자질과 능력을 갖춘 사람을 선발하는 것이 목표이다. 우리의 관점에서 직무 수행 역량은 지능과 인격이 필요한 능력의 한 부분이기는 하지만, 그것이 전부는 아니라는 것이다.

오늘날의 근무 환경은 모호하며, 끊임없이 변화하고 있다. 직원들은 사회적 통찰력을 가지고 유연하며, 적응력이 있고, 이를 통해 효율적인 업무 수행이 가능해야 한다. 학자들과 경영자들은 모두 이를 잘 알고 있다. 조직 내의 효과적인 업무 수행을 위해 필요한 것은 설득하려는 동기와 의지를 나타내는 정치 의지와 그러한 행동을 수행할 능력인 정치의 기술이다.

정치의 기술이 모든 종류의 조직이나 그룹 내에서의 성공에 결정적인 요소임을 잊지 않아야 한다. 기업, 비영리 기관, 학교, 중소기업, 대학, 병원, 스포츠 팀, 자원봉사 단체, 심지어 교회에서도 그러하다.

뉴욕 시의 저명한 가톨릭 지도자인 몬사이너 코너턴Monsignor Connaughton을 인터뷰 했을 때, 그는 목표 성취를 위한 휴먼 네트워킹의 중요성을 말했다. "교구의 삶 속에서는 교구 평의회이든 학교 자문위원회든 사람들이 당신 주변을 에워싸도록 해야 한다. 그 사람들은 교구에 이바지할 수 있는 재능을 가지고 있으며 각기 다른 삶으로부터 당신에게 다가온 사람들이다. 그러므로 당신이 휴먼 네트워크를 잘 구성한다면, 법적 자문을 제공해줄 수 있는 사람들, 경영에 관한 자문을 제공할 능력이 있는 사람들, 그리고 글쓰기를 도와줄 수 있는 사람들을 찾을 수 있을 것이다."

나아가 몬사이너 코너턴은 정치의 기술을 가지는 것이 중요하다고 말했는데, 그의 행동을 다양한 상황에 맞춰 조정할 수 있어야 하기 때문이었다. 유연하다는 것은 그 직위가 요구하는 중요한 자질이다 "저는 매일같이 어느 특정 그룹의 특정한 요구를 가지고 다른 그룹을 만나므로 유연성을 갖추어야 합니다. 가령 제가 병원에 가면 병실을 돌아다니는데, 어떤 병실에서는 저를 환영하지만 또 다른 일부 병실에서는 그렇지 않죠. 교회의 처사에 대해 화가 난 사람들의 말도 들어야 하고, 반대로 교회의 선행에 대한 깊은 감사의 말도 듣게 되는데, 제 행동의 일관성을 유지하면서도 유연성을 보여줄 필요가 있습니다. 각 상황에 적절하게 대응하기 위해서는 유연성과 정치의 기술이 필요합니다."

현대 사회는 조직의 유형에 관계없이 직무상의 모호성과 불안정성은 증가하고 있으므로, 인간관계 혹은 사회적 요소들 즉, 정치의 기술 수준이 성과 평가에 있어 점점 더 큰 비중을 차지하고 있다.

정치의 기술과 성과 평가

직무 성과는 직원들의 효율성 정도를 보여주는 것이며, 실제로 나타난 성과보다 타인에게 인식되어지는 정도가 더 중요하다. 앞에서 살펴본 바와 같이 대부분의 직종에서 성과는 인식이나 주관에 의해 평가된다. 직속 상급자이든, 동료이든, 고객이든 혹은 부하 직원이든, 하나같이 객관적 시각과는 거리가 먼 편이다.

정치의 기술이 직무 성과의 평가에 미치는 영향을 조사하면서, 우리는 직무 수행에 대한 다른 사람들의 평가에서 실제 성과보다는 특정 직원의 성과에 대한 주변 사람들의 인식에 그 직원의 정치의 기술이 어떤 영향을 미치는지를 살펴보았다. 여기에서 성과와 관련이 없는 일부 요소들이 부득이 평가 과정에 개입되었으며, 이는 성과를 추상적으로 평가하기 보다는 직무와 그 성과를 평가해야 한다는 아주 핵심적인 성과 평가 기준을 위배하게 되는 것이다.

성과의 본질에 관한 모호성은 직급이 올라갈수록 증가한다. 사실, 경영진의 성과란 정확히 정의하기 어렵다. 직접적으로 측정 가능한 직무 행동들이 실제로 효과적인 성과와 관련이 있든 없든, 그러한 행동들은 충분한 정치의 기술을 통해 효율성에 대한 인식을 확장하도록 조작될 수도 있다.

노력과 목표 설정

성과 측정을 위한 객관적 방법이 없으므로, 경영진들은 직원들을 태도, 신념, 가치관 그리고 노력을 통해 평가하려 한다. 이 과정에서 간혹 이용되는 한 가지 측정 방식은 직원들이 세운 목표이다. 이러한 목표들은 직원들이 향후 수행할 노력의 지표이므로, 정치의 기술과 함께 좋은 수완을 제대로 활용하면, 평가를 담당하는 상급자들의 시각을 우호적으로 만드는데 이용할 수 있다.

성과 평가에 관한 연구 결과, 직원들이 직무를 얼마나 잘 수행했는지 여부와 관계없이, 가장 높은 목표를 설정한 직원이 바로 위 상급자로부터 가장 높은 평가 등급을 받았다.(Frink & Ferris, 1998) 이것은 너무 야심 찬 목표를 놓치기보다는 적당한 수준으로 설정된 목표를 달성하는 것이 바람직하다는 상식과 반대되는 것이다.

정치의 기술을 갖춘 직원들은 바로 위 상급자에게 그들이 야심적이고 정열적이며, 열심히 일하고 헌신적이며, 모든 바람직한 업무를 수행한다는 이미지를 심어주기 위해 목표 설정을 활용할 수 있다. 즉 그들이 유능한 직원임에 틀림없다는 결론에 이르도록 정치의 기술을 발휘한다.

그런 경우 설정된 목표에 반영된 노력은 달성된 목표를 대체하는 경향이 있으며, 해당 직원이 실제로 얼마나 업무를 잘 수행했는지는 대체로 무관한 일이 된다.

유사성에 대한 인식

일상생활에서나 직장에서 유사성은 호감을 유도한다. 인간이란 자신과 유사한 존재와 더불어 가장 편안함을 느끼며, 이러한 유사성은 태도나 신념, 가치관, 정치적 입장 등은 물론 성, 인종, 그리고 나이와 같은 인구학적 특성에 바탕을 둘 수 있다.

상급자들 역시 이러한 인간 본성에서 벗어난 존재가 아니며, 본성은 부하 직원의 평가 과정 속에 자연스럽게 스며든다. 사장과 비슷한 생김새가 될 수 있는 방법은 별로 없다. 그러나 정치의 기술이 있다면, 근무 평가에 영향을 미칠 수 있는 태도, 신념 그리고 가치관의 유사성을 보이는 이미지를 창출할 수 있다.

가치관 최근 들어 미국의 근로 환경에서는 가치관이 큰 주목을 받고 있다. 가장 바람직한 직원들은 그들이 몸담고 있는 조직의 핵심 가치관을 공유하고, 그 속에서 살아간다. 대부분의 경우에 있어서, 경영자가 보기에 가장 바람직한 직원의 자질은 경영자처럼 생각하고, 비슷한 의사 결정을 내리며, 중요한 업무에서 경영자를 지원하는 것이다. 그러한 유사성을 보인다면, 보다 높은 직급으로 승진하는 것은 물론, 소속된 그룹 내에 유리한 위치를 점할 수 있다.

태도와 신념에 있어서 관리자급과 유사한 인식을 지니기 위해서는 주의 깊고 사려 깊은 사고와 행동이 효과적으로 실행되어야 하는 하나의 미묘한 과정이다. 모든 이슈에 대해 상사와 동일한 시각을 가진 것처럼 일부러 보이는 것은 효과적이지 않을 것이며, 엉성하게 시도하는 것은 오히려 상사를 곤혹스럽게 하는 행동으로 여겨질 수 있다.

상사의 마음을 잘 읽고 상황을 판단하기 위해서는 정치의 기술이 필요하다. 상사에게 가장 중요한 것이 어떤 이슈에 관심을 갖고 있으며 그의 신념과 가치관이 어떠한지 등을 판단하여 올바른 사람이라는 인상을 주는 정도만 동의를 표하는 것이 좋다. 아울러 정치적 통찰력에 있어서 가끔 상사와 어긋나게 보이는 것이 도움이 되기도 하지만, 이는 상사에게 있어서 비교적 중요하지 않은 문제일 때 한정되어야 한다.

환심사기와 자기선전

앞에서 살펴본 바와 같이, 환심사기와 자기선전은 사람들이 일상의 생활과 구직 지원 과정에서 가장 자주 이용되는 영향력 전술들에 속한다. 직무수행에 있어서도 근무 평가에 관한 일부 연구에 의하면, 환심사기와 자기선전은 상급자로부터 전혀 다른 판단 결과를 가져왔는데, 각각의 전술은 상급자들이 해당 직원들을 얼마나 좋아하는지에 영향을 미쳤기 때문이다.

본질적으로 상급자들은 아부하는 직원들을 좋아하며, 그들에게 좋은 성과 점수를 주는 경향이 있다. 반대로 자기를 선전하는 직원들은 싫어하며, 낮은 근무 성과 평점을 주는 경향이 있다.(Ferris, Judge, Rowland, & Fitzgibbon, 1994) 그리고 이러한 경향은 실제 근무 성과에서 별로 차이가 없는 직원들에게도 마찬가지로 적용되었다.

우리는 정치의 기술이 이러한 다른 결과를 가져오는 주요한 원인이라 생각한다. 시점이 적절하지 않았다면, 영향력 전술을 얼마나 잘 수행했는지는 아무 의미가 없다. 모든 상황에는 기대되는 행동 패턴이 있기 마련이며, 기민한 사람들은 상황을 읽고, 그러한 상황이 암묵적으로 요구하는 바에 그들의 행동을 맞춘다. 정치의 기술을 갖춘 사람들은 적절한 행동 양상을 식별하고, 요구되는 행동을 적절하게 수행한다. 그러므로 적절한 이미지 구축에 성공하며, 이것은 높은 성과 평가로 이어진다.

4장에서 언급된 바와 같이, 취업 지원 과정에서 노련한 자기선전은 지원자의 능력에 대해 좋은 느낌을 줄 수 있는 반면, 환심사기는 오히려 부정적으로 작용하게 된다. 그러나 직무 평가와 관련된 상황에서는 그 반대이다. 낮은 평가를 받는 사람들은 아마도 상황을 파악할 정치의 기술이 부족하고, 가장 적절한 영향력 전략 선택에 실패한 사람들일 것이다.

인재 채용 면접에 있어서, 면접관들은 전형적으로 입사지원자를 만난 적이 없으며, 그들에 대해 아는 바가 거의 없다는 암묵적인 규정에서 볼 때 자기선전은 적절하고 옳게 인정되지만, 지원자가 환심을 사려고 애쓰는 것은 나약하고 소심하게 보여진다.

그러나 성과 평가는 다른 규칙이 지배하는 영역이다. 참가자들은 매일같이 얼굴을 맞대고 지내는 사람들이며, 상급자는 해당 직원을 너무도 잘 알고 있다. 성과 평가를 할 때에 직무 관계와 사적 감정을 정확히 분리한다는 것은 어려운 일이다. 서로 우호적인 관계라면 확실히 직무 관계도 더욱 긍정적인 방향으로 발전할 것이다.

취업 지원자들은 자기선전이 기대되지만, 함께 일하는 직원들에 대해서는 그렇지 않다. 만약 직원이 자기 자랑에 열중하면 거만하거나 과대망상으로 취급될 것이다. 정치의 기술을 갖춘 직원들은 이 사실을 잘 알고 있다. 그들은 가장 적절한 행동 양상을 파악하는 데서 그치는 것이 아니라, 이러한 행동을 가장 진실되고 성실한 모습으로 보여주며, 따라서 긍정적인 결과가 도출된다.

또한 제대로 처신하지 못하는 행동들은 오히려 공공연하게 과잉 표출된 것으로 해석되기도 하고, 어떤 사람들에는 미묘하게 받아들여지기도 한다. 영향력을 갖기 위해서는 영향력을 행사하려는 모습으로 비춰져서는 안 되며, 사적 이익을 취하려는 느낌을 주어서는 안 된다. 정치의 기술 부족으로 자기선전을 부적절하게 할 경우에는 조작적인 이미지를 줄 수 있는 반면, 적절한 환심사기는 미묘하고, 비조작적이며 소박하고, 따라서 보상을 받게 될 가능성이 크다.

정치의 기술과 직무 성과에 대한 연구 결과

정치의 기술 수준을 측정하는 방법이 최근에야 제시되었으므로, 정치의 기술이 일반적인 근무 환경이나 직무 성과에 미치는 영향에 대한 지금까지의 연구 결과는 미미하다. 그러나 최근의 두 연구는 정치의 기술과 직무 성과 평가 간의 관계에 대한 우리의 예측을 확인해주고 있다.

한 연구(Ferris et al., 2005)는 대형 금융회사의 지사 관리자들을 대상으로 정치의 기술과 직무 성과를 조사하였다. 관리자들의 정치 기술 지수(PSI : Political Skill Inventory) 점수와 그들의 직속 상급자에 의한 근무 평가 간의 상관관계를 조사하였다. 관리자들은 '목표

수익 성장률'에서부터 '인간관계'에 이르는 28가지 항목으로 평가를 받았다. 통계적 분석 결과는 다양한 변수를 통제한 뒤에도 참가자들의 정치 기술과 상급자에 의한 직무 평가 간에 주목할만한 긍정적인 관계가 있음이 밝혀졌다. 즉 보다 뛰어난 정치의 기술을 가진 관리자들이 보다 높은 근무 평점을 받는다는 것이 이 연구의 결과이다.

정치의 기술과 직무 성과에 관한 다른 한 가지 연구는 호주의 자동차 제조회사 관리자들을 대상으로 수행되었다.(Semadar, 2004) 이 연구에서 PSI 측정 기법으로 관리자들의 정치의 기술을 평가하면서, 감성 지능, 리더십 자기 검증, 그리고 자기 감독 수준 등도 평가하였다. 이 네 가지 분석 대상들 가운데 정치의 기술이 가장 강력한 성과 등급의 예측 지표임이 밝혀졌다. 즉 정치의 기술은 다른 측정 항목들과 평가 비교함에 있어 가장 높은 성과를 나타내는 관리자들을 구별해내는 강력한 지표로 나타났다.

이와 같이 비록 제한적으로 보여주기는 하지만, 정치의 기술은 직무 성과에서 중요한 역할을 수행하는 것으로 보이며, 결코 조직에 도움이 되는 상황적 성과나 인간관계 행동에 국한되지 않는다. 정치의 기술은 모든 직무에서 매우 기본적인 자질이므로, 직무와 상황적 측면에서 상급자에 의한 부하 직원들의 성과 등급 평가에 적용되는 강력한 예측 지표라는 주장이 제기될 수 있다.

여러 사람이 어울려서 근무하는 곳에서 정치의 기술은 직무의 질과 양, 즉 핵심적인 직무 성과 등 모두에 영향을 미친다. 가령 정치의 기술이 뛰어난 사람들은 정치의 기술이 낮은 사람들에 비해, 생산물의 품질 유지에 필수적인 직무 관련 활동을 협동적으로 진행하는데 훨씬 유능한 모습을 보인다.

정치의 기술은 또한 직원의 직무 헌신 정도에 대한 인상에도 영향을 미치는데, 이는 정치의 기술을 갖춘 직원들이 규칙을 따르고, 헌신적이며, 자발적인 듯한 이미지를 매끄럽게 표출하기 때문이다. 또한 상황에 대한 기민한 이해와 적절한 감정과 영향력 있는 통제를 통해, 그들은 까다로운 고객과 동료들을 인내심을 가지고 다룰 수 있으며, 다른 사람들에게 영향력을 보다 잘 발휘할 수 있다. 또한 정치의 기술은 직무 수행과 연관된 인간관계 개선에도 영향을 미친다.

사회적 효율성을 지닌 사람들은 정치의 기술이 뛰어난 사람들과 마찬가지로 가장 적절한 수준의 행동을 조절해 나감으로써 최선의 환경과 분위기를 만들어 갈 수 있다. 이는 정치의 기술과 적합성 그리고 성과 간에 강력한 연관 관계가 있음을 시사한다. 또한 적응력이 뛰어난 사람들은 실제 세계의 다양한 이슈들을 보다 효율적으로 처리하고, 보다 안정적인 모습을 보여준다.(Block & Kremen, 1996)

흥미로운 점은 높은 지능과 인식 능력을 가졌지만, 적응력이 낮은 사람들은 긍정적인 사회적 교류를 시작하고 개발하는데 서투르다는 것이다. 정치의 기술을 갖춘 직원들은 적절한 행동 양상을 개발하고, 다양한 근무 상황에서 적절히 행동을 조정하며, 효과적인 감정 통제에 뛰어나다. 연구 결과에 의하면 높은 정치의 기술과 일치하는 행동으로써 직장에서 호의적인 감정 상태를 유지하는 사람들은 높은 성과를 이루어낼 뿐 아니라, 높은 수준의 보상을 받고 있다. 근무지에서 긍정적인 감정 상태를 보이는 직원들은 그들의 상급자들로부터 높은 근무 평점을 받았다.(Staw & Barsade, 1993)

성공적인 커리어 관리란 어떤 의미인가?

직무 현장에서 사람들은 성공을 위해 열심히 일하고 있으며 그것이 성공적인 커리어 관리를 의미한다. 성공적인 커리어 관리는 승진이나 급여 등으로 표현된다. 급여와 직급이 일반적으로 연동되어 있으므로, 사람들은 급여 수준이 승진, 이직 혹은 회사에서 보다 나은 직무로의 재조정 등에 달려 있다고 생각한다.

물론 승진의 의미는 회사의 규모가 축소되고, 구조 조정이 이루어지며, 일반적으로 계층의 수가 적어짐에 따라 달라진다. 회사 내 직급의 수가 줄어들면 승진의 기회도 그만큼 줄어든다. 또한 직원들이 얼마나 빨리 승진되어야 하는지에 대한 기업의 관점도 달라지고 있다. 과거의 빠른 승진 속도가 오늘날 상대적으로 느려졌으며, 동일 직급에 머무르는 기간이 길어지고 있다.

승진은 앞으로도 계속 존재하겠지만, 다른 유형들에 대한 인식이 점점 중요성을 더해가고 있다. 예를 들어 재미있고 도덕적이며, 신망 있는 역할 혹은 팀 프로젝트로의 업무 재배치는 전통적인 의미에서의 승진은 아니지만 성실한 직원에 대한 보상으로 여긴다.

매력적이고 특권이 있는 위치에 오르려는 내부 경쟁에서도 정치의 기술을 갖춘 직원들이 우위를 점할 것으로 본다. 정치의 기술을 지닌 사람들은 그들 앞에 제시되는 기회를 쟁취하는 것뿐 아니라 스스로 기회를 만들어낼 능력이 있다.

앞에서 살펴본 바와 같이, 정치의 기술은 야만적 힘에 의해 영향을 받지는 않는다. 그 반대로 정치의 기술은 미묘하고, 성실하며 신뢰할 만한 방식이 복합적으로 작용하는 것으로 다른 사람들에 대한 간접적 영향력이며, 상황을 민첩하게 파악하고 그에 따른 행동을 결정하며, 사회적 자원(네트워크, 커넥션 등)을 효과적으로 적용할 수 있는 능력이다.

농구에서 뛰어난 선수들이 공을 던져야 할 위치와 각도를 민첩하게 파악하는 것과 마찬가지로, 정치의 기술을 갖춘 개인들은 포지셔닝의 중요성을 알고 있으며, 기회 포착에서 우위를 점할 수 있는 곳에 서 있다.

그들은 다른 사람들을 효과적으로 파악하고, 1:1의 인간관계와 정보 및 자원에 대한 접근을 가능하게 하는 네트워크를 모두 활용하여 적절한 위치에 스스로를 자리매김한다. 그들은 또한 다른 사람들의 자문과 지도에 마음을 열어둠으로써, 혹 좋은 기회가 생기면 자신이 다른 사람들의 눈에 띄도록 사전에 조치해 둔다.

성공적인 커리어 관리를 결정짓는 요소들

정치의 기술은 커리어 관리에 성공하기 위한 모든 주요한 단계에서 역할을 갖는다. 승진이나 급여 인상, 보상 수준 혹은 직장을 유지하고자 한다면, 정치의 기술을 갖추어야만 한다.

승진 승진은 조직 내의 가장 정치적인 결정들 중 하나이다. 승진 시스템에서 어려운 문제 중의 하나는 승진을 위한 요건이나 범주가 명확하게 정의되어 있지 않다는 점이다. 경영자들은 일반적으로 가장 적합하거나 가장 잠재력 있는, 혹은 둘 다 갖춘 사람을 찾고 있다. 그러나 적합성 혹은 잠재성에 대한 판단이나 견해는 경영자들마다 제각기 다르다.

경영자들이 생각하는 이러한 단어들의 의미는 해당 경영자들의 특성과 자질이 승진 후보자들의 그것들과 대부분 현저하게 유사성이 있다는 것이다. 승진 결정에서 이러한 현상은 확실히 앞으로도 당분간 계속될 것이다. 불행히도 이로 인해 승진 대상자들 간의 차이점은 확연히 줄어들게 된다. 오랫동안 알려진 바와 같이, 일단 주어진 업무를 완수하고 나면 승진을 위해서 그 다음 할 일은 남들이 그걸 알아채도록 만드는 것이다.

경제학에서 시장 신호 이론Market Signaling Theory(Spence, 1974)이라는 유용한 개념이 제공되고 있다. 이 이론은 어떤 주어진 시장에서 개인적 행동과 태도를 타인들에게 알림으로써 다른 사람들의 판단에 영향을 미치는 것을 설명한다. 원래의 이론은 교육이나 경험과 같은 특성에 초점을 두는 경향이 있었지만, 오늘날 명성이나 능력 혹은 적합성 등과 같은 분야까지 초점을 확대하고 있다. 정치의 기술은 그러한 정보를 미묘한 방법으로 전달하는 능력이다. 자신의 성취를 큰소리로 떠들고 자랑하지 않으면서도, 최고 경영자나 의사 결정자들이 자신의 재능을 알아채고 주목하도록 만드는 것이다.

토너먼트 이론Tournament Theory은 조직 내의 승진과 인사이동을 하는데 필요한 또 하나의 유용한 방법이다. 토너먼트는 치열한 선발 경쟁 속에서 한 사람씩 서로 비교해서 해당 직위에 가장 적합한 사람을 찾아가는 과정이다. 각각의 단계에서 의사 결정자들은 승자와 패자를 결정한다. 승자는 스타가 되고 다음 단계로 진출하는 반면, 패자는 낙인이 찍혀 패자들의 바구니에 던져진다.

승자는 승진하고 관리자들로부터 보다 많은 관심을 받으며, 추가적인 교육과 훈련을 받고, 정보에 접근할 수 있는 특권을 가지며, 아마도 가장 중요한 것으로는 계속해서 승자가 될 것이라는 기대를 얻게 되는 것이다. 반면에 패자는 낮은 직급에 머무르며, 임금 삭감을 감수하고, 앞으로도 별 볼일 없으리라는 주위의 시선을 받게 된다.

토너먼트 이론은 어떤 객관적 토대 위에서, 마치 명확히 정의된 게임의 룰에 따라 경쟁의 승자가 선언되는 듯이 보인다. 사실은 그렇지 않다. 승진에 관한 기준은 명확히 진술되지 않으며 아예 아무 기준도 없는 경우도 있으며, 의사 결정은 매우 주관적이다. 따라서 영향력 행사나 조작이 매우 용이하다.

　더욱이 비록 스포츠 토너먼트는 여러 단계를 거쳐 최종 승자가 결정되지만, 승진 토너먼트는 단 한 차례의 경쟁으로 승자가 결정되기도 한다. 후보들 가운데 미리 좋은 이미지를 경영진에게 심어둔 사람이 미래의 승진 게임에서 승자가 된다. 승자에게 주어지는 관심과 자원은 실제로 다음 승진 게임에서 유리한 고지를 점유하게 된다.(Cooper, Graham, & Dyke, 1993. 참조)

　정치의 기술을 갖춘 직원들은 신호 이론의 이점을 최대한 활용하는 사람들이며, 조직 내의 승진 게임이 일어나기 전부터 사전에 효과적으로 대처한다. 일반적으로 적합성과 잠재성에 대한 애매모호한 정의는 정치의 기술이 끼어들 틈새를 넓혀준다. 그러나 회사가 보다 규정화된 승진 기준과 요구되는 자질을 경영진 선발 시스템으로 구축한 경우에도, 정치의 기술을 갖춘 사람들은 유리한 입장에 있다.

　포춘이 선정한 500대 기업을 대상으로 조사한 결과, 승진에 요구되는 자질로 간주되는 특성은 다음과 같다. 대인관계 기술, 자신과 타인에 대한 이해, 신뢰성, 성격, 열의, 깔끔한 외모, 개인적인 신뢰감, 카리스마, 유연성, 다른 사람들에 대한 영향력, 그리고 성실성이다. 이 모든 것을 깔때기 속에 쏟아 부으면 아래로 뭐가 만들어져 나올까? 바로 정치의 기술이다.

　성과 평가와 마찬가지로 승진 결정은 의사 결정자들의 자질과 유사성이 있는 쪽으로 흐르는 경향이 있다. 그러므로 환심사기도 잘만 사용하면 성공적인 커리어 관리에 도움이 되지만, 자기선전의 기회를 잃게 된다. 예를 들면 GM에서의 직장 생활에 관한 연구에 의하면, 경영진들의 승진 기회는 그들의 상사에게 얼마나 기술적으로 아부하는지에 달려있다고 밝혔다.(Wright, 1979)

조직 내에서 자신의 단호한 성격을 보이기 위해서는 정치의 기술이 필요하며, 특히 영향력이 윗사람들에게 전달되어야 하는 승진과 관련된 상황에서 더욱 그러하다. 머뭇거림이나 부적절한 타이밍은 부하 직원을 다룰 자질을 갖추지 못한 것으로 인식되기 쉽다. 승진 후보자가 너무 단호하고 경직된 인상을 보인다면 낮게 평가될 수도 있다. 이는 상황에 적합하지 않은 전술의 선택으로 인한 결과이거나 혹은 잘못 전달된 의사 표현이며, 어떤 경우든 정치의 기술이 부족하여 낳은 결과이다.

승진하기 위해서는 조직 내에서 우수한 근무 성적이 필요하지만, 그러한 기록만으로 부족하며 정치의 기술이 필요하다. 이 두 가지가 합쳐지면 최상의 결과를 기대할 수 있다. 우수한 정치의 기술을 갖추고도 승진에 실패했다면, 근무 중 재앙과 같은 실수를 저질렀거나 기술적 실수를 자주 저질렀기 때문이다. 그러나 자신의 근무 성적이 평균 정도라 해도, 정치의 기술이 뛰어나다면 윗사람들에게 자신이 잠재력이 뛰어난 후보라는 인상을 심어줄 수 있다.

정치의 기술에 의한 네트워크 구축 또한 성공적인 커리어 관리에 중요한 것이다. 광범위한 인적 네트워크를 가지는 것이 커리어 관리에 도움이 될 것이라는 것은 직관적으로도 타당하지만, 그 메커니즘을 정의하기는 어렵다. 스콧 시버트Scott Seibert와 그의 동료들(Seibert, Kraimer, & Liben, 2001)은 최근 이 분야에서 연구의 진전을 이루었다. 그들은 인맥 형성과 관계 유지, 사회적 자원 축적이 성공적인 커리어 기회를 어떻게 확대하는지를 연구하고, 인적 네트워크 내의 동맹과 친근 관계가 정보와 자원 그리고 지원(혹은 지도)에 대한 폭넓은 접근 기회를 제공하고 있다는 것을 밝혔다.

비록 대부분의 사람들은 직무수행 능력이 승진 여부를 결정한다고 믿고 있으며, 그 능력이란 회사가 추구하는 것이라 생각하지만, 실제로 직무수행 능력은 정치의 기술과 같은 다른 요소들에 의해 밀려나는 법이다. 모든 후보가 적합한 능력을 가지고 있다면, 다른 사람들과 잘 지낼 수 있는 능력과 자질이 의사결정 과정에서 주요한 변수로 등장한다. 또한 팀의 소중한 일원으로 인식되는 것이 중요하며, 정치의 기술을 갖춘 사람들은 그들의 보스나 다른 영향력 있는 고위 인사들이 바라는 것이 무엇인지를 즉각 눈치 채고, 자신들이 언제 등장하는 것이 가장 효과적인지를 사전에 파악하고 적절한 시간에 등장한다.

회사 내에서 높은 직위로 승진해 갈수록, 후보자들 간의 지능, 경력, 근무 성적의 차이는 점점 좁혀지고 있다. 모두 비슷한 자질을 추구하고 있으며, 아무도 다른 사람들의 승진을 위한 디딤돌 역할을 맡고 싶어하지는 않는다. 높은 직위에서 승자와 패자를 결정짓는 것은 스타일이며, 그 스타일이 바로 우리가 말하는 정치의 기술이다. 나아가 정치의 기술은 자신의 스타일이 승진 여부를 결정하는 의사 결정자들의 스타일과 유사하며, 서로 궁합이 맞는다는 인식을 심어줄 수 있는 능력이다.

전반적으로 우리는 정치의 기술을 갖춘 사람들이 경쟁력을 갖추고 성공적인 승진 기회를 포착할 것으로 믿는다. 정치의 기술을 통해 남들보다 두드러지고, 우수하게 보이며, 승진 기회를 잡을 수 있다. 거대한 조직의 변화와 구조 조정 등으로 인해, 승진 시스템은 점점 더 좁혀져 있으며, 최고위직으로 이르는 승진 과정에 있어 정치 기술의 중요성은 점점 증가하고 있다.

급여과 보상   직원들의 급여와 보상에 관한 결정을 할 때, 정치 논리로 뒤죽박죽되기 쉽고 장점과 성과 이외의 이유가 종종 끼어든다. 효과적인 환심이 급여 인상에 영향을 미친다는 연구 결과도 있다.(Gould & Penley, 1984) 다른 연구자들이(Kipnis & Schmidt, 1988) 영향력을 행사하기 위한 '전술가' 접근 방식(가장 적절한 영향력 전술을 전략적으로 선택하는 것)이 이른바 '산탄총' 방식(여러 가지 영향력 전술을 뒤죽박죽 섞어서 쓰는 것)보다 급여 인상에 효과적이었다.

환심사기는 즐겁게 보이고, 호감을 불러일으키는 것을 함축하며, 잘만 활용하면 정치의 기술을 갖춘 사람들에게 도움이 될 수 있다. 다른 연구는 회사에서 직원들의 긍정적인 감정 표현이 그들의 급여에 영향을 미친다고 밝혔다.(Staw, Sutton, & Pelled, 1994)

또한 정치적 커넥션은 정치의 기술에서 네트워킹의 일부분으로 급여 인상과 연관되어 있지만, 직원들이 관리자나 상급자들로 하여금 그들에게 의존해야만 함을 강조할 때에만 효과가 있었다.(Bartol & Martin, 1990) 이러한 의존 효과는 흥미로우며, 정치의 기술을 갖춘 사람들이 급여와 승진 가능성을 극대화하기 위해 흔히 사용하는 전략이다.

정치의 기술을 갖춘 사람들은 그들 자신을 다양한 방식으로 자리매김하기 위해 노력하지만, 특히 중요한 한 가지 방식은 상사에게 없어서는 안 될 사람이 됨으로서, 상사가 그들과 함께 일하면서 의지하도록 만드는 것이다. 만약 능력 있는 상사가 당신에게 의존하는 것을 배운다면, 상사가 조직과 현장을 둘러볼 때 당신을 동행하게 되고, 승진과 급여 인상의 기회를 자연스럽게 확보하게 된다.

정치의 기술과 급여에 관한 마지막 이슈는 일반적으로 논쟁이 많은 CEO의 보상에 관한 주제이다. 이사회는 주주를 대표하며, 그 임무 가운데 하나는 CEO의 근무 평가와 보상 협상이다.(기본급, 보너스, 주식 그리고 임직원에 대한 혜택을 포함한다.)

이론적으로 이사회는 독립적인 실체이며, 따라서 CEO의 행동을 객관적으로 바라보고 그 성과를 균형 잡힌 시각으로 평가하며, 보상 금액을 결정한다. 그러나 지금까지 그런 경우는 별로 없었다. 반대로 CEO와 이사회 간의 폐쇄적이고 복잡한 관계가 형성되고, 그 관계는 정치의 기술을 갖춘 CEO에 의해 전략적으로 관리된다. 이사회의 새로운 임원을 선정하고, 이사회 절차를 결정하는 규정에 따른 운영 방식에도 불구하고, CEO는 종종 새로운 이사들을 추천하고, 기존의 이사들로부터 동의를 이끌어낸다.

이사회 임원들이 급여를 받으며, 비용과 각종 경비를 지원 받고, 일부 기업에서는 혜택을 받고 있다는 점을 살펴보자. CEO가 제공하는 이러한 특별한 대우로 인해, 이사회 임원들이 그들의 후원자에 대한 평가와 급여 수준 결정에서 순수하고 객관적으로 판단하기는 매우 어렵다. 그것은 권력과 후원이 서로 관련된 관계이며, 수완이 좋은 CEO에 의해 주의 깊고 철저하게 조율됨으로써, 결국 CEO의 높은 급여 수준으로 귀결된다.

그 권력은 결코 뻔뻔하지도, 직접적이지도, 그리고 거만하지도 않다. 반대로 이 과정에서 성공적인 CEO들은 대단히 뛰어난 정치의 기술을 발휘하며, 그들의 사회적 자원과 명성 그리고 이것들을 이용한 적절한 자리매김을 통해 그들에게 바람직한 결과를 이끌어낸다.

정치의 기술과 직장의 유지

우리는 많은 고위 정치인들이 잘못된 선택 혹은 어긋난 인간관계로 인해 파멸에 이르는 과정들을 지켜보았다. 그러나 모니카 르윈스키와 관련된 스캔들에서도 살아남은 빌 클린턴과 같은 극소수의 정치인들도 있다.

가족과 친구, 스태프, 각료 그리고 르윈스키의 가족에게 진심으로 용서를 구하는 듯한 그의 태도와 기꺼이 책임을 지려던 자세(비록 한참 지난 뒤일지라도)로 인해 클린턴은 사태를 정치적으로 매우 노련하게 처리하였다. 사과와 용서를 구하는 것은 제때 제대로 해야 먹힌다. 클린턴은 그 방법을 알고 있었다.

그가 실제로 그런 심정을 느꼈는지는 몰라도 아니라고 주장할 사람이 있는가? 그는 많은 사람들의 마음을 움직였다. 성공과 생존을 결정하는 것은 무엇을 하는가 뿐만 아니라, 언제 하는가도 역시 중요하다.

또한 클린턴은 누구와 어떻게 (정치의 기술의 한 가지 측면) 네트워크를 조직해야 할지를 알고 있었다. 언론이 탄핵과 사임에 관해 질문을 시작하자, 클린턴은 밖으로 나가 높은 덕망을 얻고 있는 레버렌드 버니스 킹Reverend Bernice King(마틴 루터 킹Martin Luther King의 딸)과 넬슨 만델라Nelson Mandela와 같은 종교와 정치 지도자들의 지원을 이끌어냈다. 버니스 킹과 만델라는 그의 업무 수행을 칭찬하며, 의회와 미국 국민에게 관용과 용서를 당부했다.

클린턴은 그의 자서전 〈마이 라이프My Life〉 (2004)에서 다음과 같이 회고하고 있다. "만델라만큼이나 훌륭한 사람인 버니스 킹은 모임의 주인공이었다. 그녀는 위대한 지도자들도 가끔 슬픈 죄악을 짓는다고 말했다. 그녀는 성경의 다윗왕도 밧세바의 남편인 그의 충성스런 장군을 죽음이 자명한 전투에 몰아넣고 밧세바를 아내로 취한 것과 같이 클린턴보다 훨씬 나쁜 일을 저질렀으며, 결국 그의 죄를 씻기 위해 벌을 받아야만 했다고 말했다. 그녀가 다음과 같이 말을 마무리 지을 때까지 무슨 말을 하고자 하는지 아무도 몰랐다 '맞습니다. 다윗은 끔찍한 죄를 짓고 하나님의 벌을 받았습니다. 그러나 왕으로 계속 남았습니다.'"

확실히 클린턴의 네트워킹과 그의 지지자들이 지닌 정치의 기술은 그가 대통령 직을 유지하는데 결정적 역할을 했다. 이와 같은 정치력의 원칙들, 즉 사회적 통찰력, 대인관계 영향력, 인맥관리 능력 그리고 진실성은 모든 조직에서 생존을 위해 노력하는 사람들에게 필요한 것들이다.

때로는 직원들이 직장을 그만둬야 할 상황이 발생하기도 한다. 전형적으로 열악한 근무 성과, 구조조정이 불가피한 한심한 재무성과 혹은 사장과의 타협할 수 없는 불화 등이다. 일부 직원들은 이러한 상황에서 직장을 잃기도 하지만, 다른 사람들은 이를 헤쳐 나간다. 우리는 정치의 기술이 이러한 차이점을 낳는다고 생각한다. 생존자들은 사장에게 성과의 부진이란 만회 가능한 것임을 설득시키고, 다른 누군가가 회사에 덜 필요하다면 구조조정 과정에서 내보내야 한다는 것과 불화란 결국 화해에 이르게 된다는 것을 설득시킬 수 있는 사람들이다.

졸업예정자들의 사회생활을 준비시키려는 대학의 노력과 더불어 학생들에게 직장에서의 정치적 상황을 가르쳐 준다면 훨씬 나을 것이다. 경영자들과 임원들의 직무 실패는 생각하는 것보다 훨씬 빈번하다. 대략 40%가 승진에 실패하고, 첫 18개월 내에 사직한다. 가장 널리 알려진 이유는 "사장이 원하는 것을 명확히 이해하지 못하고, 어려운 결정을 내리지 못하며, 상급자 및 동료들과 파트너십을 구축하지 못하고, 정치적 수완이 부족하기 때문이다."("Up and out: Rude awakenings come early," 1995, p.3). 또한 시카고의 한 구조조정 전문 회사에 따르면 "사장과의 친분 관계가 구조조정에서 살아남는데 직무 성과보다 더 중요한 요소이다."("Job security: Collect those brownie points," 1996, p.3)라고 하였다.

이것은 직장에서 살아남기 위해서는 다른 무엇보다 정치의 기술에 달려 있음을 명확히 보여준다. 구조조정에서 기업들은 흔히 부서 전체를 폐쇄하기도 한다. 그러나 많은 경우, 어떤 결정 기준도 없으며, 누가 남고 누가 떠나야 할지를 결정하는 것이 무엇인지는 명확하지 않다. 그러나 그러한 결정에는 정치학과 적합성 판단이 개입되어 있다.

불확실한 상황에서 최고경영진은 기업 내의 조화를 유지하는 방식으로 구조조정을 진행하려고 노력할 가능성이 높으며, 아마도 남아 있는 사람들에게서 특정한 적합성을 발견했을 것이다.

정치의 기술을 갖춘 직원들은 영향력 있는 사람들이나 단체들과의 광범위한 커넥션과 네트워크를 보여줌으로써 적합성 심사를 통과할 수 있으며, 그들이 회사에서 없어서는 안 될 자질을 갖춘 사람임을 사장에게 보여주고, 사장과의 관계에서 면밀하게 발전시킨 효과적이고 우호적인 근무 관계를 이용한다.

결 론

 오늘날 대부분의 조직 내에서 근무 성과와 성공적인 커리어 관리는 오직 열심히 일하는 것이 아니라, 다른 사람과 더불어 그리고 다른 사람들을 통해 자신의 목표를 성취할 수 있는 능력을 보여주며, 현명하게 근무하는 것에 의해 결정되고 있다. 모든 직무가 성과 평가를 위한 기준이 되는 것은 아니다. 대신에 사장은 직원들의 성과를 영향력과 직무에서의 효율성에 기초하여 평가할 것이다.
 이는 정치의 기술이 가장 중요한 능력 중의 하나이며, 일상적인 비즈니스에서뿐만 아니라, 장기적 관점에서도 그러함을 보여준다. 효율적으로 직무 성과를 이루고 성공적으로 커리어를 구축하는 과정은 복잡하게 이루어져 있으며, 이것이 명성이며 다른 사람들의 눈에 비친 당신 모습이다. 6장에서는 직장에서의 명성 구축에 있어서도 정치의 기술이 핵심 요소라는 사실을 살펴본다.

6. 자신에 대한 명성 높이기

　자신에 대해 다른 사람들이 평가하는 기준은 그들이 자신에 관하여 알고 있는 자질과 행동을 바탕으로 한다. 모든 사람들이 친구로서, 사업 동료로서, 가족 구성원으로서 여러 가지 평가를 받을 수 있으며, 어디에서든지 자신에 대한 명성이 남들에게 영향력을 발휘하고 이해시키는데 큰 영향을 미친다. 공동체 생활에서는 다른 많은 요소들과 마찬가지로, 정치의 기술은 명성의 개발, 유지 그리고 방어에 핵심적인 요소이다.

　이 장에서는 비즈니스 환경에서의 명성에 관련된 사항에 초점을 맞추어, 개인적 명성은 물론 직장에서의 영향력과 효율성을 높이는 자질, 특성 그리고 행동들을 살펴본다.

명성이란 무엇인가?

명성은 좋다 나쁘다의 의미를 갖지 않은 중립적 용어이다. 우호적이든 아니든 어떤 사람이나 사물에 대한 합리적이고 널리 퍼진 견해를 말한다. 또한 명성은 지위, 신망, 위신과 같은 긍정적인 용어 대신에 쓰이기도 하고, 반대로 악명과 같은 부정적인 의미로 사용되기도 한다.

명성은 품성과 성취, 드러난 행동들 그리고 오랜 시간에 걸쳐 형성된 의도적인 이미지 등으로 복잡한 과정을 거쳐 만들어진 일종의 정체성이다. 그것은 직접적이거나 간접적인 관찰자들의 마음 속에 각각 별도로 형성된다.

그러므로 명성은 성과 또는 업무 능력, 인지된 품성과 정직성이라는 두 가지 폭넓은 측면을 지닌다. 또한 정체성 개념은 한 사람이 여러 개의 다른, 심지어 상호 모순적인 명성을 가질 수도 있으며, 이 경우 각각의 명성은 각기 다른 개인이나 집단에 의해 인식되고 해석된다.

우리가 정의하는 명성이라는 용어는 본질적으로 평가하는 사람들의 인식과 주관에 바탕을 두고 있음에 주목해야 한다. 즉 다른 사람들의 눈이 그 기본이 된다. 따라서 명성이란 어떤 사람이나 대상을 평가하는 사람들의 개인적 특성들인 종교, 인종, 나이, 성 등 통제할 수 없는 속성들에 의해 영향을 받는다. 동시에 이러한 정의가 지닌 또 하나의 중요한 측면은 명성이 정치의 기술과 같은 의도된

업적이나 다듬어진 성품과 관련이 있으며, 이를 통해 살아가면서 능동적으로 다양한 명성을 만들어 나갈 수 있다는 점이다.

마지막으로 우리는 개인의 행동과 의사 결정의 다양한 측면들이 복합적으로 연동되어 명성의 형성에 영향을 미친다는데 다시 한번 주목한다. 특히 긍정적인 명성의 경우, 개별적 특성의 단순한 집합으로써 형성되는 것이 아니라, 전체가 부분의 합보다 큰 시너지 효과의 결과물이다. 잘 개발된 명성은 모방이나 복제가 불가능하지는 않지만 매우 어렵다. 그 결과 명성은 가치를 반영하는 무형 자산이며, 개인 혹은 조직의 경쟁 우위를 낳는 원천이다. 그렇지 않다면 아무 쓸모없는 것이다.

크라이슬러의 전 회장인 리 아이어코카를 생각해보자. 전도유망하고 수완 좋은 비즈니스 경영자로서의 명성은 사회적 지위가 주는 여러 혜택은 물론, 엄청난 부와 안정된 직장, 그리고 국제적 명성을 가져다주었다. 크라이슬러의 적자를 흑자로 바꾼 놀라운 능력은 상당 부분 그의 정치 기술과 명성에 바탕하고 있다. 그의 독특하고 강력한 비즈니스에 대한 명성은 개인적으로 그에게 도움이 되었을 뿐 아니라, 그에게 맡겨진 모든 조직의 위상과 영향력을 확대하였다. 그는 많은 사람들에게 좋은 성과와 결과를 보여주었고, 성실함, 강한 가치관, 도덕적 원칙을 상징하는 사람이 되었는데, 이는 모두 명성의 주요한 구성 요소들이다.

아이어코카는 썬빔사Sunbeam Corporation의 회장이었던 '전기톱'이란 별명을 가진 앨 던롭Al Dunlap과 대조된다. 앨 던롭 역시 그가 맡았던 많은 기업들의 경영 성과를 개선하였지만, 예민한 성격과 정치 기술의 부족으로 인해 비합리적이고, 비윤리적이며 신뢰하기 힘든 사람이라는 명성을 얻었으며, 이것이 그의 비즈니스에서 실패를 불러온 일정한 원인이 되었다.

명성의 구성 요소들

명성은 개인적 인품과 인적 자원, 정치적 자원, 사회적 자원의 형태로 분류되는 성과들의 결합이다. 이 세 가지 범주들은 여러 가지 방식으로 결합하여 각각의 명성을 형성하며, 복잡한 방식으로 융합하고, 해당 명성이 적용되는 상황에 따라 각각의 가중치가 달라진다. 어떤 상황도 또 다른 상황과 완전히 동일한 경우는 없다. 그러므로 다른 사람의 행동을 그대로 따라 한다고 해서 그 사람이 지닌 명성을 복제해 가질 수는 없는 법이다.

인적 자원

한사람이 지니고 있는 인적 자원이란 개인의 가치를 나타낸다. 인적 자원 이론에 의하면, 사람들은 교육과 실무 경험을 통해 지식, 기술 그리고 신용을 획득함으로써 자신의 가치를 올린다. 가령 석사나 박사 학위, 그리고 그러한 학위를 수여한 대학의 명성은 개인의 가치를 올려준다. 직무 지식과 경력 역시 인적 자원의 향상에 많은 도움이 되며, 훈련을 통해 습득한 기술도 그러하다.

연구 결과에 의하면 나이, 인종 그리고 성별과 같은 요소들이 인적 자원 개발에 투자한 결과에 영향을 미치는 것으로 드러났다. 명성의 한 구성 요소로서의 인적 자원은 사람들이 자신의 대중적 이미지를 고양하기 위해 개인적으로 투자한 정도를 나타낸다.

신용도를 나타내는 형태로서의 인적 자원은 순간적인 신뢰감과 지위를 제공한다. 학위 증명서는 전통적으로 전문가의 상징이다. 마찬가지로 직무 경험에서부터 예절과 자격증에 이르기까지의 여러 가지 개인적 자질들은 한 개인의 시장성을 높여준다.

인생은 유한하므로 나이 역시 인적 자원의 가치를 논의할 때는 주요한 이슈가 된다. 인적 자원에 대한 투자 시기 역시 투자로 인한 보상 정도에 큰 영향을 미친다. 교육과 훈련에 투자하는 시기가 빠를수록, 평생에 걸쳐 돌려받는 전체 이익도 커진다. 그러므로 보다 젊은 사람일수록 장기적 관점에서의 잠재력은 더 크다. 반대로 나이는 경험의 척도가 되기도 하므로, 나이가 많은 사람일수록 경험이 풍부하다고 인식되므로, 즉시 활용할 수 있는 측면에서는 잠재성이 더 크다.

교육과 경험은 둘 다 나이에 영향을 받는 개인적 명성의 구성 요소이지만, 그 관계가 언제나 비례하지는 않는다. 가령 애플 컴퓨터의 스티브 잡스Steve Jobs의 경우를 보자. 잡스는 아주 젊은 시절에 이미 전도유망한 사업가로 이름을 날렸는데, 그러한 명성은 그의 나이나 경력으로 보나 합당하지 않았다. 반대로 전 IBM 회장인 존 애커스John Akers는 나이와 경험의 축적과 더불어 명성을 함께 쌓아간 경우이다.

인적 자원의 관점에서 성과 인종은 명성과 상당한 연관이 있다. 이와 같은 인적 자원을 구성하는 요소들은 실제적인 자질인 것처럼 여겨지기도 한다. 이러한 특성들은 직접적으로 그리고 상호 작용하여 다른 특성들과 연동되어 명성에 영향을 미친다.

정치적 자원

명성은 개인적 특성에 의해 영향을 받으므로 지능, 인격 그리고 정치의 기술을 반영하며, 동시에 정치의 기술을 형성한다. 더욱이 1장에서 살펴보았듯이, 인맥관리 능력은 정치 기술의 한 가지 중요한 측면으로 사회적 자원의 개발과 축적에 기여하며, 이는 명성의 핵심적인 구성 요소이다.

개인적 특성들은 사람들이 근무지에서 받는 평가에도 영향을 미치며, 또한 그들의 근무 방식에 영향을 준다. 우리는 정치적 자원에 대한 포괄적인 검토보다는 몇 가지 대표적인 측면들을 살펴보고자 한다.

명성에 가장 큰 영향을 미치는 두 가지 개인적 특성은 지능과 인격이다. 우리는 지능이 직무 수행의 효율성을 좌우할 정도로 명성에 영향을 미친다고 본다. 인격 특히 양심은 역시 직무 성과와 근무 태도를 통해 명성에 영향을 미친다. 집합적으로 지능과 인격은 그 사람의 직무 성과를 통해 정치적 자원에 영향을 미친다.

정치의 기술은 정치적 자원의 핵심적 구성 요소이며, 다른 사람들의 인상에 중요한 영향을 미침으로써 명성에 공헌한다. 또한 정치의 기술은 네트워크 구축 노력의 결과로 축적된 사회적 자원에도 공헌한다. 회사에서 다른 사람들의 인식과 사회적 상호 작용을 읽고, 이해하며, 통제할 수 있는 능력은 뛰어난 업무 처리에 결정적 요소이며, 우호적인 명성의 구축에도 도움이 된다. 또한 정치의 기술을 갖춘 사람들은 다른 사람들의 신뢰와 확신을 불러일으키며, 이것은 주변 사람들로부터 좋은 명성을 듣기 위한 핵심적 요소이다.

명성이란 오랜 시간에 걸쳐 형성되므로, 조직에 처음 들어갈 때부터 다른 사람들과의 상호 교류와 이미지 관리에 신경 쓰는 것이 나중의 교류와 인상 형성에 중요하다. 첫 인상은 오래 지속되며, 다른 사람의 행동에 영향을 미친다.

정치의 기술을 갖춘 사람들은 이를 잘 알고 있으며, 첫 만남부터 영향력이 있는 사람으로 보이기 위한 노력을 한다. 다른 사람들이 처음부터 당신을 영향력이 있는 사람으로 인식하게 되면, 그들은 덜 공격적이며, 보다 부드러운 태도로 당신을 대할 것이다. 이것은 앞으로 설득력을 가진, 유능하며 강력한 미래의 명성을 구축하는데 추가적인 도움이 된다.

조직 내에서 우호적인 명성을 구축하기 위해서는 정치적 능력과 자리매김 그리고 수완이 필요하다. 아울러 사회적 이해와 정치 기술의 영향력은 네트워크 구축이나 사회적 자원 확장 등과 결합하여, 비즈니스에서 성공할 수 있는 토대임이 밝혀졌다.(Baron & Markman, 2000) 정치의 기술은 또한 여성들의 경력 향상에 특히 중요한 구성 요소임이 밝혀졌다.(Mainiero, 1994)

정치의 기술은 사람들로 하여금 정치적 환경 속에서 활동하면서, 다른 사람들에게 영향을 미칠 수 있게 함으로써 명성을 확대하는 것으로 보인다. 특히 다른 사람들을 관리하는 데 있어서, 책임이 커질수록 정치의 기술은 출세하고 성공하는데 중요한 요소가 된다. 조직적인 정치 상황을 다루면서 남들에게 영향력을 발휘하는 것은 경영진의 성공을 위한 결정적 요소이며, 정치의 기술은 오늘날의 기업들이 높이 평가하는 수완과 리더십에 대한 좋은 명성을 구축하는 데 기여한다.

사회적 자원

조직 내에서 명성의 가치는 인간관계와 그러한 관계를 이용하여 형성한 영향력에 의해 강한 영향을 받는다. 인맥관리 능력은 사회적 자원을 구축하는 제휴, 연합 그리고 우정을 개발하는 정치 기술의 한 국면이다. 만약 사회적 영향력이 다른 사람들에게 직간접적으로 영향을 미치는 프로세스라면, 사회적 자원은 사회적 접촉과 네트워크 자원의 가용성을 바탕으로 구축된 사회적 영향력의 잠재된 형태를 의미한다.

인적 자원, 정치의 기술 그리고 사회적 네트워킹의 결합을 통해, 조직 구성원들의 개인적 명성을 정의할 수 있다. 사회적 자원은 사람들의 판단의 토대가 되는 신뢰성에 관한 정보를 전달함으로써 명성을 높일 수 있다. 그리고 사회적 자원은 네트워크 개발과 정보, 자원 그리고 멘토링을 통하여 성공적인 커리어 개발을 하는데 긍정적인 관계를 유지한다.(Seibert et al., 2001)

성공적인 커리어 개발을 위한 명성을 구축하기 위해서는 네트워크의 개발과 그러한 네트워크 내에서 사회적 자원을 구축하는 것이 필요하다. 자원에 대한 접근은 종종 개인적 접촉과 상호 신뢰에 기반하며, 신뢰는 자신이 구축한 다양한 네트워크 내에서 평가되는 명성을 통해 발달한다.

사회적 자원은 조직 내에서의 자발적인 이동이나 배치전환과 관계가 있으며, 한 개인의 사회적 자원의 강도에 따라 네트워크 내의 연대감에 대한 강도가 달라진다. 그러한 네트워크의 중심 인물이 조직을 떠나게 되면, 나머지들도 그 뒤를 따르는 경향이 있다. 그러면 조직은 곤경에 처하게 된다.

자신의 네트워크에 속한 사람들을 돌볼 능력과 의지가 있는 사람으로 자리매김하게 되면, 주변에 사람들이 모이게 되고, 이는 보다 강력한 사회적 자원과 명성으로 이어진다.(Dess & Shaw, 2001)

명성은 어떻게 전달되는가?

사회학자 어빙 고프만Erving Goffman(1959)은 거의 반 세기 전, 매일매일의 삶이란 계획된 이미지를 통해 남들을 통제하려는 연극적 퍼포먼스의 시리즈로 볼 수 있다고 하였다. 조직 내의 삶이란 바로 그러한 퍼포먼스이며, 사람들로 하여금 자신에 대한 인식을 심어주고 통제하려고 하면서 자신을 드러내 보이려고 하는 퍼포먼스가 인생이라고 보는 것도 유용한 일일 것이다.

신호 이론Signaling theory은 조직 내의 삶에 대한 또 다른 통찰을 제공하는데, 연극적 퍼포먼스라는 관점을 확장하고, 명성에 대한 유용한 하나의 관점을 제시하고 있다. 신호 이론은 마이클 스펜스A. Michael Spence(1974)가 개략적으로 밝혔듯이 사람들은 상호 교환을 하는 시장에서 공존하며, 그러한 시장들 속에서 개인들은 각자 특성에 맞는 신호를 통해 정보를 전달하거나 다른 사람들의 믿음을 변경하려고 한다는 것이다.

스펜스는 다른 사람들이 관찰할 수 있고, 본인이 변경할 수 있는 개인적 자질을 잠재적 신호라고 구분짓는다. 그의 의견에 따르면, 다른 사람들에게 영향을 실제로 미치게 되면 잠재적 신호는 현실적이고 실질적인 신호가 된다. 이러한 관점에서 명성이란 다른 사람들에게 영향을 미치므로 실제 신호로 간주될 수 있다.

한 가지 신호의 변경 가능한 측면에 집중함으로써, 명성이란 신호를 보내려는 의도적 노력으로 해석될 수 있고, 명성의 대상이 되는 본인에 의해 형성되거나 영향을 받을 수 있다. 토너먼트 이론이 지적하듯이 명성을 신속히 구축하는 것은 값진 일이며, 초기에 성공적인 사람들이 나중에 보다 큰 성취를 이룰 가능성이 높기 때문이다. 토너먼트 이론에서 명성이란 의사 결정자에게 전달되는 신호라는 의견에 동의하며, 승진이 빠른 직원들은 초기에 얻은 명성을 기반으로 지속적인 승진 궤도를 유지한다.

명성은 어떻게 발전되는가?

명성은 일반적으로 개발과 유지라는 두 가지 독특한 프로세스를 통해 발전된다. 세 번째 프로세스인 방어는 자신의 평판에 대해 잠재적으로 손상될 위험이 느껴질 때 필요하게 된다. 명성의 개발과 유지에 소요되는 시간은 개인적, 상황적 요소의 상관관계만큼이나 아주 다를 수 있으며, 하나의 프로세스에서 다른 프로세스로 이동하는 것에 대해 예측하거나 자문해주는 것은 불가능하다. 더욱이 어떤 개인에게는 이 두 프로세스가 가끔 겹치는 경우도 있으며, 모든 사람들이 피하고 싶겠지만, 언제라도 방어해야 할 때도 있다. 그럼에도 이 셋 모두 하나씩 별도로 살펴볼 가치가 있다.

명성의 개발

명성을 구축하기 위해서는 경력과 신뢰를 통하여 인적 자원을 축적하는 것이 필요하며, 특정한 상황에서 진가를 발휘할 수 있는 네트워크와 인간관계와 같은 사회적 자원을 구성하고, 이 모든 자원을 적절히 활용하기 위한 정치의 기술을 길러야 한다. 그리고 다른 사람들이 예상하고 있는 것 그 이상을 보여 주어야 한다.

한 가지 예를 들면, 팀 맥그로 Tim McGraw는 미 상원의원에 출마할 야망을 지닌 대중 음악가이다. 그는 순조롭게 일을 진행하고 있다. 타임지는 그의 정치 기술을 두고 '컨트리 송의 클린턴'이라 불렀다.(2004년 9월 20일, pp. 71-72) 대부분의 음악가들이 공연 전에 긴장 상태로 만나지만, 그는 그 시간을 즐겼다. 타임지에 따르면, 그는 모든 사람들과 악수를 나누고, 어떤 상황이든 모두를 즐겁게 해 주는 능력이 있었다.

이 모든 것은 컨트리 음악계에서 그의 명성을 구축하는데 도움이 되었지만, 그는 그 이상을 꿈꾸었으며, 그의 그런 꿈을 사람들에게 자연스럽게 인식시키곤 했다. 선거철이면 그는 연주 때마다 "모든 미국인은 선거에 참여할 의무가 있습니다. 투표장으로 가십시오."라는 말로 끝맺었다. 그는 음악계에서 구축한 그의 위치와 명성을 바탕으로 미국과 민주주의 그리고 정부를 이끌 명성을 구축하기 시작했으며, 언젠가 테네시 주를 대표하는 상원의원의 자리에 앉아있는 그를 볼 수도 있을 것이다.

명성의 유지

명성을 유지하기 위해서는 항상 다른 사람들의 기대를 벗어나지 않아야 한다. 좋든 나쁘든 그 기대를 벗어나면, 명성은 재조정 과정을 거치며, 인적, 정치적 그리고 사회적 자원에 대한 인식을 달리하게 된다. 명성의 개발과 달리, 유지하는 과정은 이미 알려진 명성에 부합하는 행동 패턴을 일관성 있게 지속적으로 유지하는 것이 필요하다.

짐 모런Jim Moran은 도요타 자동차의 남동부 총괄 대리점 회장으로 아마도 세계에서 가장 성공적인 자동차 딜러일 것이다. 그의 회사는 3억 5천 달러의 자산 가치가 있는 개인 기업이지만, 그는 조심스럽게 '모범적인 친구'라는 그의 명성을 유지하고 있다. 결국 그러한 명성이 오늘의 그를 있게 했다.

그는 시카고의 주유소 점원으로 시작하여, 돈을 모아 신클레어Sinclair 주유소를 단돈 360달러에 구입한 뒤, 그 회사의 여러 체인점들 중 시카고에서 수익이 가장 많은 곳으로 키워냈다. 1960년대 암 진단을 받고 은퇴한 뒤 플로리다로 갔지만, 그의 은퇴 기간은 길지 않았다. 암에서 회복한 뒤, 50대 초반에 남동부 도요타 딜러를 시작했다. 그의 소박한 시작과 현장 경력은 오늘날의 그가 있게 한 배경이다. 그는 지금도 여전히 최고 경영자와 부서장, 노동자와 점원에 이르는 다양한 직원들과 매주 식사를 같이 한다. 누구나 모런과 함께 점심 식사를 할 기회를 가진다. 모범적이라는 그의 명성은 그를 존경하는 회사 직원들에 의해 더욱 확장되고 있다. 그는 다른 사람들의 수고를 이해하는 관대한 사람으로 인식되고 있다.

우리는 모든 명성 유지 활동이 그런 명성에 부합하는 행동을 준수하는데 그친다고 말하는 것이 아니다. 상황은 끊임없이 변화하므로, 명성의 눈금도 재조정해야 한다. 하나의 명성을 유지하기 위해서는 기존의 상태를 보호하고 방어하는 것뿐 아니라, 미래의 상황 변화를 예측하는 것도 필요하다.

명성은 반드시 특정한 상황에서 탄생하며, 상황이 새롭게 바뀌면 상황에 맞게 재조정하기 위해 공격적 유지 혹은 개발이 필요하다. 가령 회사 내의 특정한 낮은 직급 내에서의 명성에 기초하여 승진의 기회를 얻었다면, 주변 사람들은 잠시 동안 그 사람에 대한 신뢰감을 유지하겠지만, 새로운 환경을 정확히 인식하고, 새로운 기회를 따라잡지 못한다면, 결국 지금까지의 명성은 쇠락의 길로 접어들 것이다.

명성의 방어

명성이란 아무리 힘들게 건설하고 애써 관리했더라도 한 순간에 무너질 수 있다. 쌓는 데는 평생 걸렸어도 무너지는 것은 한 순간이다. 전 미국 하원의장 뉴트 깅리치Newt Gingrich, 대통령 후보 개리 콘딧Gary Condit, 상원의원 밥 팩우드Bob Packwood 그리고 기업 임원들이었던 케네스 래이Kenneth Lay, 버니 에버스Bernie

Ebbers, 데니스 콜로스키Dennis Kozlowski를 보면 알 수 있다. 네트워크를 활용해서 명성을 전달하고 확대할 수도 있지만, 네트워크로 인해 책임이 증가하기도 한다.

네트워크 내의 어느 한 사람을 편파적으로 대한다면, 그 사실이 순식간에 다른 사람들에게 퍼질 수 있고, 이후로는 다른 사람들에게 더 큰 아량을 보이지 않고는, 원래의 명성을 회복하기 힘들게 된다. 마찬가지로 네트워크로 잘못된 신호를 보내는 것도 명성과 신뢰성에 치명적 손실을 입힌다. 사람들은 앞으로 오랜 기간 동안 그의 신호를 신뢰하지 않을 것이다.

불행한 사건이나 명성을 해치려는 의도적 시도가 있다면, 명성을 방어하기 위한 행동이 필요하다. 우리는 잠재적 손실이나 의도적 공격에 대비해야 하는데, 비판이나 헛소문 혹은 왜곡은 상대방의 명성에 크고 작은 손상을 주기 때문이다. 조직 내에서 앞서가기 위해 경쟁자의 발을 걸어 넘어뜨리는 것이 효과적이라고 생각하는 사람들이 있기 때문에 주의해야 한다.

멀리 볼 것 없이, 우리의 사법 체제만 살펴봐도 명성의 방어가 실제로 작용하는 상황을 알 수 있다. 데이비드 로건David Logan (2001)이 지적하였듯이, 1980년부터 2000년까지 법원은 언론에 의한 개인적 명성 손상에 대해 6억 2천만 달러의 벌금을 부과했다. 그러나 로건은 또한 남의 이목을 끌지 않기 위해 소송을 포기한 사람들까지 고려한다면, 이 수치가 터무니없이 낮다고 지적했다.

즉 일부 사람들이 자신들의 명성을 방어하기 위해 능동적으로 대처하는 반면, 다른 사람들은 새로운 명성을 개발하는 것이 차라리 효과적이라고 판단한다. 일부는 명성의 최선의 방어책은 능동적인 공격이라 생각하는 사람도 있다. 공격적인 유지 행동과 상황 변화에 대한 민감한 주의를 통해 위기에 대처할 수 있다.(Fombrun, 1996)

"뭔가 잘못되었을 때, 제일 먼저 할 일은 남을 비난하는 것이다."라는 격언을 따르는 사람들도 있다. 그런 사람들은 자신들의 성과나 잘못의 원인에 대해 다른 사람들의 판단을 왜곡함으로써 자신들의 명성을 방어하려 한다. 그들의 논리는 어떤 문제에 대한 사람들의 판단이 해당 문제에 연루된 사람들에 대한 태도를 결정한다는 것이다.

근무 성과가 열악할 때, 관련된 사람들은 그 원인을 예기치 못한 사고로 돌린다. 그리고 잘못이 무엇이든, 그들의 책임을 최대한 줄인다. 그들은 다양한 방어 전술들을 이용할 수 있는데, 용서를 빌거나, 사과 혹은 정당화를 통해, 일어난 사고에 대한 사람들의 인식을 바꿔보려고 노력한다. 정치의 기술을 갖춘 사람들은 잘못에서 빠져나가기 위해 어떤 전술을 어떻게 실행해야 할지를 정확히 알고 있다.

조직이나 단체들도 이미지 관리 전술을 사용하고 있다. 기업들은 연간 보고서를 만들 때, 주주 보고서는 모든 공로와 업적은 기업의 최고 경영진에게, 그리고 모든 실책과 과오는 우발적 사고나 어쩔 수 없는 불가항력으로 돌리기 위해 주의를 기울여 작성한다.

우리는 정치의 기술을 어떤 긍정적인 것으로 보고 있지만, 부정적인 방법으로 이용될 수도 있다. 잘못된 경영 성과에 대한 책임에서 빠져나가기 위해 재무 보고서를 조작하는 경영진들이 있다. 경영 성과가 신통치 않으면 경영진은 그 책임에서 빠져나가기 위해, 영향력 있는 보고서를 만들어야 한다. 성공을 위해서는 높은 수준의 신뢰감과 성실성에 의문의 여지가 없는 명성을 가질 만큼 뛰어난 정치의 기술을 가진 경영자가 그런 수사학적 걸작품을 만들어야 한다.

명성의 중요성

비즈니스에서의 명성은 중요하고 값진 자산이다. 능동적인 정치의 기술을 갖춘 사람들은 자신들이 다른 사람들에게 어떻게 인식될지를 고려하여 오랜 기간에 걸쳐 그들의 명성을 창출한다. 정치의 기술과 사회적 자원은 인적 자원과 합쳐져 명성을 구축하는 핵심 요소이다. 자원이 풍부할수록, 그리고 정보에 대한 접근 능력이 높을수록, 친구와 동료들의 영향력이 클수록, 우리가 얻게 될 명성은 더욱 우호적인 것이 된다.

그리고 여러 가지 자원과 사회적 자본에 접근할 수 있으면, 사람들은 대단한 권력과 영향력을 가진 사람으로 여기며, 이는 조직의 사회적 동역학 내에서 권력과 영향력이 다시 증가한다.

명성에 대한 인식의 중요성은 비즈니스에서의 태도와 행동에 주의를 기울이게 하며, 이를 통해 자신이 원하는 이미지를 다른 사람들에게 전달할 수 있게 된다. 명성은 이미지 관리에 그치는 것이 아니다. 효율적인 근무 태도와 성과가 따라야 한다. 좋은 명성을 지닌 사람들은 영향력을 가지고 어려운 문제를 해결함으로써 전형적으로 사회적 자원을 어려움 없이 구축할 수 있으며, 또한 이러한 사회적 자원은 그들의 정치 기술과 더불어, 앞으로의 업무 수행을 보다 효과적으로 진행할 수 있게 만들어준다.

오프라 윈프리Oprah Winfrey는 명성과 영향력 모두를 증가시키는 방식에 대한 고전적인 사례라고 할 수 있다. 미시시피 강가의 초라한 마을에서 태어나 억만장자로 발돋움한 오프라가 확실한 본보기이다. 일부 사람들은 오프라의 성공을 운으로 돌리기도 하지만 행운이란 기회를 맞이하기 위한 준비에 불과하다고 그녀는 말한다.(Garson, 2004)

타임지는 오프라를 21세기의 가장 영향력 있는 100인에 포함하였다. 그녀의 영향력은 출판사에서 인터넷 서점까지 그리고 남의 삶을 개선하는데 기여한 이들에게 상금 10만 달러를 2000년부터 제공한 "당신의 삶을 이용하세요.Use Your Life" 상으로 잘 알려진 엔젤 네트워크Angel Network에 이르기까지 광범위하다. 또한 그녀는 1991년 국가아동보호법National Child Protection Act 운동을 시작했으며, 아동 학대범들의 국가적 데이터베이스 개발을 위해 상원사법위원회에서 증언하기도 하였다. 클린턴은 1993년 '오프라법안'에 서명하였다. 이것들은 미국과 세계에서 보여준 그녀의 영향력들 중 일부분에 불과하다.

　오프라가 동정적이며 정직하고, 참신하며 남을 사랑하는 사람이자 진리를 추구하는 사람으로서의 명성이 없었다면, 그녀의 영향력은 그처럼 광범위할 수 없었을 것이다. 텔레비전에 비춰지는 그녀의 이미지는 매력적이며, 어디에 가든 그러한 이미지를 유지할 수 있었다. 오프라는 자신의 명성을 유지하기 위해 열심히 노력했으며, 이는 그녀의 삶을 다른 사람들의 삶과 차별화하는 점이었다.

결 론

　사람들이 그들 자신의 명성에 얼마나 많은 주의를 기울일까? 아무 날짜의 신문을 집어 들더라도, 하루아침에 명성이 몰락한 사람들의 기사를 읽을 수 있을 것이다. 약물을 사용한 유명한 운동선수, 엔론의 중역, 월드컴, 그리고 타이코 등 그들의 친구와 동료들이 절망적으로 외치는 소리를 들을 수 있다. "아니라고 말씀해 주세요!"

　이러한 사람들의 명성, 그 명성을 형성한 인적, 정치적 그리고 사회적 자원이 그들의 행동에 대한 결과에 영향을 미칠 것이다. 명성은 간혹 재구축될 수 있지만, 손상된 신뢰나 거짓으로 들어난 성실성을 회복하기란 무척 어려운 일이다.

7. 직무 스트레스의 관리

　스트레스로 둘러싸인 환경에서 살아남는 사람도 있고, 주저앉는 사람도 있는 이유는 무엇일까? 왜 어떤 사람들은 복잡하고 변화하는 환경, 가족과 직장에서의 갈등, 조직 내의 정치, 직장에서의 대인관계를 원활하게 관리할 수 있을까? 비즈니스맨들이 수많은 직무 스트레스와 과중한 업무에 직면하고 있는 지금, 우리는 정치의 기술이야말로 그러한 난제들을 부드럽게 처리할 수 있는 사람들의 차별화된 자질이라고 믿는다.

　회사에서 어떤 일이 발생하더라도, 정치의 기술을 통해 다른 사람들에게 영향력을 발휘할 수 있으며, 또한 정치의 기술은 어려움을 감소시키거나 제거할 수 있다는 확신을 심어주는 역할을 한다. 이 장에서는 직무 스트레스의 원인을 검토하고, 직무 스트레스가 직원 개개인은 물론 조직 전체에 미치는 중요성, 그리고 주어진 환경 내에서 이러한 스트레스를 극복하는 방법으로서의 정치의 기술을 살펴본다.

직무 스트레스의 원인

직무 스트레스는 일반적으로 업무와 비즈니스에서 마주치는 상황적 요구에 대한 생리적 심리적 반응을 말한다. 연구자들은 이러한 반응들을 축적된 스트레스 혹은 긴장이라 불러왔으며, 그러한 반응을 일으키는 요인을 스트레스 인자이라 불러왔다.

스트레스 인자와 스트레스를 일으키는 조건은 구별하거나 조절하기 어려우며, 같은 스트레스 상황에서도 사람들의 반응은 매우 다양하다. 동일한 조건에서도 어떤 사람들은 기뻐하지만, 어떤 사람들은 낙담하기도 한다.

수년 간의 연구와 논문들은 다양한 종류의 직무와 조직 스트레스 요인을 연구해 왔는데, 그 요인들은 오랜 근무시간, 과중한 업무 부담, 갈등을 야기하는 애매한 요구, 너무 빠른 속도, 엄격한 마감일, 직장의 불안정, 대인 관계 갈등, 이직, 조직 내의 정치학(스트레스가 발생하는 원인으로 정치 기술의 부족을 반영하는 경향이 있다.) 그리고 상급자의 고압적 자세 등이다. 일반적으로 회사에서의 스트레스 요인이 많을수록, 직원들의 스트레스 수준은 높아진다.

어떤 주어진 사건에서 스트레스 정도를 결정하는데 가장 중요한 요소는 해당 스트레스 요인이 만성적인가 하는 것이다. 만성적 스트레스 요인은 끝날 희망이 없는 것이다. 예를 들어 장기 실업이나 치매에 걸린 노부모의 부양 등이다. 그러한 스트레스 요인에 대한 반응은 단순히 심리적인 것만은 아니다. 만성적 스트레스에 노출된 사람들은 종종 면역 체계를 상실하고 다양한 신체적 질병으로 쓰러질 수 있다.

많은 사람들은 스트레스를 피할 수 없는 삶의 한 부분으로 간주하며, 해결하거나 관리하기 보다는 그저 고통을 감내해야 하는 것으로 생각한다. 모든 직무와 관련된 불만에 대한 고전적인 대답은 "남의 돈 벌기가 쉬워?"이다. 스트레스는 통제할 수 있으며, 통제하는 것이 타당하다. 조직과 사람 모두에게 있어서 스트레스를 적정한 수준으로 해소하고 건설적으로 처리하는 것이 유익한 일이다.

직무 스트레스의 결과

직무 스트레스는 조직성과에 많은 해를 끼칠 수 있다. 지난 20여 년간 많은 연구들이 직무 스트레스와 신체적, 정신적 질병 간의 상관관계를 실험하였다. 스트레스와 관련되어 나타나는 현상에는 기분이나 수면 장애, 소화 불량, 두통 그리고 가족이나 친구들과의 마찰 등이 있다. 그러한 증후는 상대적으로 관찰하기 쉽지만, 만성적 스트레스는 오랜 시간에 걸쳐 누적됨으로써, 심장 혈관 질병, 근육과 골격 질병 그리고 정신 질환과 같은 치유가 어려운 질병에 이르게 된다.

회사에서 가장 유해한 네 가지 스트레스 요인들은 ① 애매모호하고 변화하는 조직 환경, ② 일과 가족 간의 갈등, ③ 조직 내의 정치학, ④ 동료와 상급자와의 미숙한 대인관계이다. 각각의 경우, 정치의 기술이 부족한 것이 스트레스의 주요한 원인 중 하나이며, 심지어 재앙이 일어날 수 있는 원인이 될 수도 있다.

조직에서의 모호성과 변화

오늘날 경쟁력을 유지하기 위해서 조직은 유연성과 적응력을 갖추어야 한다. 변화를 수용하는 정도가 아니라 적극 포용하는 것이다. 톰 피터스Tom Peters(1987)는 번창하는 기업은 끊임없이 변화하고 수용하며, 혼란과 모호성을 시장이 제공하는 기회로 받아들인다고 주장하였다. 그의 주장은 오늘날 더욱 타당하게 보인다. 조직의 구조 조정, 비즈니스 프로세스 재구성, 신기술의 채택, 그리고 인수와 합병 등 대규모적인 변화는 오늘날의 어려운 환경 속에서 살아남고 성공하기 위한 목적으로 진행된다.

이러한 변화들은 하나같이 모든 직급의 직원들에게 스트레스를 주며, 특히 경영진의 경우가 더욱 그러하다. 오늘날 기업의 계층 구조는 단순해지며, 피라미드형이기보다는 사각형에 가까우며 환경에

보다 유연하게 적응한다. 고객과 외부 환경에 직접 접촉하는 직원들에게 보다 많은 권한을 분산해두고 있다. 공통적으로 조직의 내외부 환경은 직원들 사이의 스트레스를 증가시킬 것으로 예상된다.

특히 예전의 관료적 환경에 익숙한 직원들에게 더욱 그렇다. 전통적 조직은 융통성이 부족하고, 새로운 평등 구조의 조직은 낮은 직급에서 보다 많은 협조와 의사결정이 이루어지므로, 정치의 기술은 고객과 같은 외부 요인은 물론 직원들 간의 원활한 교류와 성공적인 영향력을 위한 필수 조건으로 자리매김하고 있다.

일과 가족 간의 갈등

지난 10여 년간 활발한 연구가 진행된 한 분야인 일과 가족 간의 갈등은 두 가지 형태의 뚜렷한 역할 갈등을 일으키는 주제이다. 일이 가족 관계를 해치는 것이 한 가지이고, 가족 관계가 업무에 방해가 된다는 것이 다른 하나이다.

직장과 가족 간의 갈등은 어느 한 영역에 속해야 하는 요구가 다른 영역에 속해야 하는 요구와 양립되지 못할 때 발생한다. 연구 결과, 이 두 유형의 갈등은 직무 불만족, 정신적 신체적 건강 문제, 낮은 삶의 질과 연계되어 직장과 가족 생활 모두를 손상시킨다.

직장과 가족 갈등은 남녀 모두에게 스트레스 요인이지만, 특히 여성에게 더욱 그러한데, 여성들은 가사 일에 주도적으로 참여하기 때문이다. 여성들은 종종 가사가 모두 자신들의 부담이라고 생각한다.

역사적으로 남자들의 가사 노동 참여 정도는 담당하는 업무에 따라 많은 편차를 보였지만, 여성들은 일관되게 가사 노동의 대부분을 감당해왔다. 여성들의 스트레스 수준은 가까운 미래에 줄어들 것으로 보이지 않는데, 점점 증가하는 노인 인구수는 여성들로 하여금 아이들 양육은 물론 노부모 부양의 책임까지 떠넘길 것으로 예상되기 때문이다.

그러나 역할을 요구하는 것이 반드시 스트레스의 증가로 연결되는 것은 아니다. 어떤 사람들은 일과 가정 모두 잘 챙긴다. 정치의 기술은 한 가지 유용한 도구가 될 수 있는데, 우리가 언제 No라고 말해야 하는지 뿐만 아니라, 어떻게 No라고 말해야 하는지도 알려주기 때문이다.

조직의 정치학

조직의 정치학은 조직에서는 공식적으로 허용되지는 않지만, 개인들에게는 그들 상호간에 혹은 개인 대 직장 간의 갈등을 일으키는 행동들과 관계가 있다. 조직의 정치학을 다루는 것은 유능한 경영자의 핵심 요소이며, 필수적인 자질로 인식되어 왔다.(Kelly & Kaplan, 1993)

기업 경영진은 조직 구성원과 이해 당사자들의 이해관계를 조정하고, 희소한 자원을 적절히 배분하며, 기업의 명성과 성공을 위해 다양한 주주들을 만족시켜야 하므로 확실히 정치적 상황에서 근무하는 것이다. 불행히도 모든 경영자들이 정치의 기술이 뛰어난 것은 아니므로, 그들 자신의 역량을 뛰어넘는 요구 앞에서 위협과 스트레스를 느끼는 것은 당연하다.

최고경영자 층에서 정치의 기술이 빈약한 한 가지 예로, '전기톱'으로 알려진 알 던롭을 들 수 있다. 그는 계열사 썬빔을 구원하려던 시도에서 빚어진 경영 실패로 이사회에 의해 해고되었는데, 해고의 결정적 사유는 그가 심각한 영업 손실을 여러 분기 동안 무시했다는 사실 외에도 그 자신을 방어하려던 시도 중에 보여준 시끄럽고 거칠며, 품위 없는 언행으로 인해 그를 둘러싼 사람들을 실망시켰기 때문이다.

리처드 보인턴은 당시 계열사 썬빔의 가전 부문 회장으로 당시의 상황을 회고하면서, 던롭은 마치 개가 몇 시간 동안 짖어대는 듯 했다고 회상했다. 그리고 그는 으르렁거리며 떠벌리고, 종잡을 수 없었으며 생색내는 듯했고, 전투적이었으며 존경심이 전혀 들지 않았다고 했다.(Byrne, 1999)

던롭의 접근법은 썬빔 사태의 책임이 관련 임원들에게 있음을 해당 임원들에게 똑 같은 말로 여러 번 큰소리로 떠듦으로써 그들의 신경을 곤두세웠다. 그는 다른 사람들 앞에서 몇몇 개인들을 추궁하고, 해고하겠다고 위협했으며, 사실 많은 수의 중역들을 해고시켰다. 그러한 스트레스가 있는 근무 환경에서 재능이 뛰어난 중역들은 주저 없이 회사를 떠났다.

데이비드 파닌은 썬빔의 고문으로, 이사회에 참석해서 단 하루도

던롭 밑에서 일할 수 없다고 밝혔다. 하루하루 회사 분위기는 어두워졌으며, 던롭은 더 이상 회사가 어떻게 돌아가는지 알 수가 없게 되었다. 그는 사람들과 말을 나누지 않았다. 그 자신을 해고한 셈이다.(Byrne, 1999) 그리고, 그가 다른 사람의 도움을 필요로 했을 때, 주위에는 아무도 없었다.

대인 관계

직무 스트레스에 관한 연구들은 일반적으로 대인 관계를 핵심적인 주제로 설정한다. 놀라울 것도 없지만, 분열적이고 스트레스가 쌓이는 관계는 건강을 해치고, 업무 불만을 일으키며, 결근과 이직으로 이어진다.

최고경영진이라 해도 이러한 종류의 스트레스와 동떨어질 수 있는 존재가 아니다. 경영진의 업무 중 상당 부분이 다른 사람들과의 접촉이며, 따라서 다양한 배경과 스타일 그리고 인격은 사람들을 잘 다루기 위한 경영진의 필수적인 자질이다. 이 중 어느 하나만 부족해도 스트레스의 원인이 된다. 정치의 기술을 갖춘 경영자는 직무상 대인관계에서 발생하는 스트레스가 덜할 가능성이 크다.

정치의 기술이 있는 경영자는 스트레스를 받지 않는다는 말이 아니다. 정치의 기술을 가지고 이용하는 것이 반드시 행복을 보장하는 것도 아니다. 플로리다 주 대변인이었던 웨더렐T. K. Wetherell은 플로리다 주립대학의 총장이 되어, 주 당국으로부터 대학에 필요한 추가적인 재정 지원을 성공적으로 받아내었다. 그의 정치 기술이 주요한 성공 이유였다.

그러나 주지사인 젭 부시Jeb Bush는 그 돈이 다른 프로그램들에 배분되어야 했다고 공개적으로 웨더렐의 행동을 비난했으며, 곧바로 플로리다 주립대학의 건설 프로젝트에 소요될 1천 750만 달러의 자금 집행에 대한 거부권을 행사했다. 웨더렐은 〈탤러해시 데모크라트Tallahassee Democrat〉와의 인터뷰에서 "너무나 성공적이었으며, 비난 받은 것은 그 때가 처음이었지요. 대학 이사회는 외부에서 자금을 끌어들이라고 저를 총장 자리에 앉혔습니다. 저는 돈을 끌어왔죠. 시스템대로 움직였을 뿐입니다."라고 밝혔다.(June 24, 2004, pp. 1A, 2A) 그러나 이러한 역작용에도 불구하고, 대부분의 사람들은 무능함이 주는 엄청난 갈등보다는 유능함이 주는 지나친 스트레스를 선택할 것이다.

직무 스트레스에 대처하는 방법들

스트레스는 피할 수 없는 것일지도 모르지만, 모른 체 하고 지나칠 필요는 없다. 정치의 기술은 개인들에 의해 개발되거나 조직에 의해 제공되는 스트레스 극복 메커니즘의 효과를 확대하는데 이용될 수 있다.

회사의 노력

스트레스가 근무 성과를 손상시킨다는 증거는 어려운 경영 여건에서 종업원들을 돌봐주었던 많은 리더들이 충분히 납득하고 있다. 직무 순환, 강제 휴직이나 휴가, 다양한 복지 프로그램, 인간 환경 공학적인 조정ergonomic adjustment, 업무 혹은 작업장 재설계, 증가된 스태프 그리고 역할의 명확화 등과 같은 회사의 전략들은 스트레스 수준을 낮추는데 일정한 성공을 거두었다. 많은 기업들이 근무 시간 다변화와 같이 가족을 돕는 프로그램을 채택하고 있다.

그러나 그러한 프로그램들의 결과는 대부분 기대에 훨씬 못 미쳤는데, 그 이유는 사람들이 이를 제대로 활용하지 않았기 때문이다. 근무시간 조정을 허용하는 한 프로그램은 경영자의 개인적 경험과 믿음에 기반을 두고 있으며, 경영자는 한 발 뒤쳐지는 경향이 있다. 연구 결과에 의하면, 근로자들은 경영자가 유연한 작업 스케줄을 지원한다고 믿을 때는 그들이 직장과 가정 간의 갈등이 적고, 심리적, 생리적 압박이 낮다고 보고했다.(Thomas, Ganster. 1995)

그러나 경영자가 실제로 그러한 프로그램을 지원하는지 여부에 관계없이, 일부 직원들은 기꺼이 스케줄 조정을 요청할 만큼 서로를 믿지 못하였다. 직원들이 그들의 상사, 동료 그리고 부하들과 갖는 관계의 질은 그들이 회사에서 받는 스트레스의 양과 그들이 스트레스를 줄이기 위해 취하는 수단에 대한 자발성 정도에 영향을 미쳤다.

정치의 기술은 일터에서 동료들과 좋은 관계를 유지하는데 도움이 되며, 스트레스 해소에도 큰 도움이 된다. 또한 유연한 근무 정책과 기타 직원 스트레스 감소 정책의 도입에 대해 지원하는 것을 주저하는 경영진과 그러한 프로그램들을 이용하기 위해 경영진과 맞서길 주저하는 직원들은 둘 다 정치의 기술이 부족하다는 것을 나타낸다.

개인적인 대처

직무 스트레스 요인에 대한 사람들의 인식이나 반응은 제각기 다르며, 그 대처 방식도 다르다. 어떤 사람들은 다른 사람들보다 스트레스에 보다 요령 있게 대처한다. 상황에서 도망치거나 감정을 억누르는 사람도 있고, 상황에 적응하거나 바람직한 상황으로 바꾸려고 노력하는 사람도 있다. 회피는 달리 대처할 방안이 없을 때, 그나마 스트레스를 줄이는 가장 일반적인 대응이다.

불행히도 직장을 그만두고 나면, 또 다른 스트레스가 기다리고 있으며, 장기적인 측면에서 스트레스 감소에는 별 효과가 없는 경우가 대부분이다.

대처 메커니즘으로서의 정치의 기술 정치의 기술이 부족한 사람들은 앞으로도 살아가기가 여전히 힘들 것으로 보인다. 경쟁이 심화되고, 노동 시장에서 우수한 인재는 항상 공급이 부족하며, 일반적인 수준의 사람들은 공급이 초과되는 현상이 지속되고 있으므로, 사람들이 받는 스트레스는 계속 증가할 것이다.

더욱이 기술은 예측 불가능한 방향으로 빠르게 진보하며, 조직 내의 모든 직급의 책임은 점차 증가하고 있다. 연구 결과에 따르면, 많은 작업 환경들이 점점 더 열악해지고 있으며, 정신적 신체적 스트레스로 인한 질병이 끊임없이 지속되고 있다.("Worker stress, health reaching critical point." 1999).

직원들이 어떻게 증가된 직무 스트레스를 감당할 수 있을까? 운동이나 휴식, 휴가 등과 같은 순수하게 개인적인 접근법들은 잠시 동안 도움이 될 수 있지만, 근무지에는 똑같은 스트레스가 기다리고 있다. 반대로 정치의 기술은 스트레스가 발생하는 근로 환경에서 건강과 복지를 해치는 스트레스에 대한 항생제가 될 수 있다. 정치의 기술은 단지 스트레스를 견디는 것이 아니라 높은 스트레스 환경 속에서도 활발하게 일할 수 있는 메커니즘을 제공한다.

스트레스에 대한 항생제로서의 정치의 기술 정치의 기술이 뛰어난 직원들은 활동적인 대인 관계를 열심히 찾으면서 즐긴다. 그들의 감각적인 관리는 자신감을 불러일으키며, 이는 비즈니스에서의 성공으로 이어진다. 그러한 직원들은 그들의 정치의 기술을 증명할 기회를 기다리며, 다른 사람들과의 공동작업 기회가 증가하면 직무로 인한 긴장과 스트레스는 뒤로 수그러든다.

잘 알려진 대형 컨설팅 회사의 고위 컨설턴트로 갈등 속에서 살아남은 한 사람을 알고 있다. 그녀의 직무는 컨설턴트의 권고를 해석하고 수행함으로써, 고객과 회사 간의 갈등을 해결하는 것이었다. 대부분의 사람들은 이런 종류의 일과 협상에 거부감을 보이며, 가능한 피하고자 한다. 피하지 못한다면 큰 고생을 할지도 모른다. 그러나 그녀는 이 일을 사랑했고, 언제나 사태 해결에 성공적이었으며, 고객과 컨설팅 회사 모두 만족했고, 최종 자문료 문제가 해결되었다. 그녀는 이러한 상황들을 그녀가 회사에 독특한 존재가치를 지니고 있음을 증명할 기회로 활용하였다.

물론 관리자에게 정치의 기술이 필요하다는 생각은 전혀 새로울 게 없다. 그러나 새로운 것은, 정치 기술의 효과적 사용은 직무 스트레스를 줄이고 건강을 증진시킬 한 가지 방편이라는 점이다. 정치의 기술을 갖는 것만으로 조직에서의 스트레스 요인들의 압박을 줄일 수 있다.

연구 결과에 의하면 자기선전과 이미지 관리에 관한 염려는 건강에 위협이 되는 사회적 근심거리에 이를 수 있다.(Leary, 1995) 정치의 기술이 뛰어난 직원들은 그런 걱정에서 벗어나 있다. 근무지에서의 이미지, 인상 그리고 대인 관계에 자신감을 가지며, 그들의 상황을 스트레스적인 것으로 인식하는 경향이 적고, 심리적 혹은 생리적 중압감을 덜 겪게 된다.

또한 정치의 기술은 스트레스 요인과 중압감 간에 완충 역할을 한다. 직원들이 회사에서 스트레스를 느낄 때도, 부정적 결과를 줄이기 위한 대처 메커니즘으로 정치의 기술을 이용할 수 있다. 그 연구(Perrewe et al., 2004)는 조직 내의 만성적 역할 갈등을 검토했는데, 놀라울 것도 없이 이와 연관된 다양한 심리적 생리적 질환들을 발견했다. 빈약한 정치의 기술을 가진 사람에 비해 높은 정치의 기술을 지닌 사람들은 심장 압력이나 혈압이 낮았고 신체적 질환과 근심이 적었다.

정치 기술의 함의(含意)

직무 스트레스에 대한 항생제로서 정치의 기술은 여러 이슈들 중에서 핵심적이다. 먼저 정치의 기술이 높은 사람들은 경험상 다른 사람들과의 상호 작용 과정과 결과를 제어할 수 있다고 믿을만한 충분한 근거가 있다. 그러므로 정치의 기술은 성공, 성취 그리고 자신감과 같은 감정을 창출하고, 그러한 감정들은 정신적 건강은 물론 신체적 건강까지 증진시킨다.

강한 정치의 기술을 갖춘 직원들은 대인 관계를 위협이 아니라 기회로 여기며, 수완이 좋은 사람에게는 스트레스가 있는 환경도 이들에게는 단지 기분 좋은 상황일 뿐이다.

정치의 기술이 특정한 스트레스 원인의 관점에서 어떻게 직원들에게 도움이 될 수 있을까? 조직의 모호성, 불명확한 역할 그리고 동요는 모든 인간관계에서 발생하는 상황들이다. 이러한 상황 속에서 업무를 처리하기 위해서는 항상 다른 사람들과 더불어, 또한 다른 사람들을 통해서 가능하다. 그리고 정치의 기술을 통해 상황을 더욱 잘 관리할 수 있다.

책임감은 직원들에게 부여된 또 다른 스트레스 요인이다. 정치의 기술을 지닌 직원들은 다양한 사람들과 인관 관계를 다루는 일에서 두려움을 덜 느낀다. 정치의 기술은 우리가 책임을 진 결과를 보다 성공적이게 할 뿐 아니라, 오류를 보다 쉽게 바로 잡을 수 있게 도와준다. 임원들이 안내원 역할을 해야 할 주주 모임과 같은 상황에서도, 신뢰와 자신감을 불러들이는 능력은 실망스런 안건들조차 희망 섞인 것으로 바꿔놓을 수 있다.

우리는 국방 관련 첨단 기업의 고위 중역 한 명을 알고 있는데, 그는 주주들을 다루고, 시민 단체나 언론 문제를 처리하는 것을 즐기고 있다. 많은 중역들이 이러한 그룹들과의 만남을 스트레스 쌓이는 상황으로 인식하지만, 그는 그렇지 않다. 그는 정보 부문에서 오랫동안 복무한 공군 장성 출신이다. 그의 위트와 강력한 분석 능력은 중국어에 능통하고 오페라 아리아를 잘 부르는 등의 다른 재주와 합쳐져서 가장 적대적 사람들조차 호감을 느끼게 만든다. 그는 잠재적 적수들인 주주들이나 언론들을 상대해야 할 상황을 각기 그의 정치의 기술을 증명할 좋은 기회로 여기고 있다.

조직에서의 정치와 인간관계를 스트레스 원인으로 간주하는 정치 기술의 함의는 직선적이다. 정치적 환경 속에서 편안하게 근무하고, 여러 이슈들을 인간관계의 문제로 파악하는 것은 정치적으로 능숙한 사람들의 능력이며, 중역들 간에 자연스럽게 나타나는 자질이다.

수완이 좋은 직원들은 직무 수행에 있어서 정치적이고 인간적인 면을 부담스럽다거나, 또는 이해할 수 없거나 통제할 수 없는 것으로 보지 않으며, 오히려 그들은 직무 수행에서 필수적이고 두각을 나타내는 기회로 인식한다.

정치의 기술에 숙달된 사람들은 다양하게 발생하는 상황들을 기회로 여긴다. 그렇지 못한 사람들은 몸이 얼어붙고, 엉뚱한 방법에 매달리거나, 상황을 회피하려 한다. 이는 개인적 스트레스가 되고, 직원들과 조직 전체에 스트레스를 부과한다. 정치 기술의 적절한 이용은 그 반대이다. 이용자 자신뿐 아니라, 주변 사람들의 스트레스를 줄여주고, 따라서 건강한 조직을 낳는다.

조직의 혜택

직원들의 커뮤니케이션 능력이 향상되고, 인간관계가 원만하며, 책임감 있게 업무를 처리하고, 어려운 상황을 극복하며, 유연해짐에 따라 조직 전체가 커다란 혜택을 입게 된다. 결과적으로 정치의 기술을 키우려는 노력은 직원들이 받는 또다른 혜택이 된다. 조직의 업무 성과는 향상되고, 근심거리는 줄어들며, 고객과 협력업체나 시장의 잠재적 협력자들과 좋은 관계를 구축하게 된다. 회사의 경영은 보다 효율적이 되는데, 외부 협상에서 팀 또는 부서 간의 업무 분담에 이르기까지 모든 세부 사항들이 보다 부드럽게 흘러가기 때문이다.

책임감을 가지고 일을 처리하고 상황에 대처하는 것은 내부적으로나 외부적으로 중요한 함축적 의미를 지닌다. 많은 조직들이 대중적 이미지나 규정된 문제를 준수해야 하는 어려움이 있지만 정치의 기술을 활용함으로써 완화시키거나 축소시킬 수 있다.

확실히 9 · 11 테러는 스트레스의 극한적인 예이다. 당시 보여준 행동들로 인해, 루돌프 줄리아니 시장은 그의 정치 기술과 리더십에 대한 엄청난 신뢰를 받을 자격이 있다. 세계무역센터 쌍둥이 빌딩이 무너지자, 줄리아니 시장은 신속하게 행동 계획을 발표했다. "저는 임무를 세 부분으로 나누었습니다. 먼저, 사람들을 진정시키고, 질서 있고 안전한 대피를 위해 제가 할 수 있는 모든 일을 다 하기 위해서는 대중과 커뮤니케이션 해야만 했습니다. 둘째, 부상자들을 위해 … 준비해야 했습니다. 셋째, 저는 '다음 번에는 무슨 일이 발생할까?'를 생각했습니다. … 저는 테러리스트들을 지휘하

사례 : 2001년 9월 11일

조직은 넓은 의미에서 정치적 범주에 포함되며, 건강하고 성공적인 근무 환경을 형성하는데 필요한 기술들에 대해서는 오래 전부터 연구가 진행되어 왔다. 그러나 정치의 기술과 리더십은 훨씬 넓은 범주에 속하며, (비록 이 책에서는 조직 내의 정치의 기술에 국한하고 있지만) 9.11 테러 당시의 뉴욕의 줄리아니 시장이 보여준 정치의 기술과 리더십은 정치의 기술이란 그것을 이용하는 사람뿐 아니라 주변 사람들에게도 스트레스 감소에 얼마나 유익한 것인지를 잘 보여준다.

는 사람들의 머리 속에 들어가 보려고 노력했습니다. 그들이 공격할 다음 목표가 무엇인가?"(Giuliani, 2002, pp. 16-17)

근심과 슬픔으로 그날 밤에 그는 잠잘 수 없었지만, 그는 그의 리더십이 매우 중요하다는 것을 알았다. 다음 날, 그는 평상시와 다름없이 보좌진들과 고위 공직자들의 모임을 소집했다. 1981년 이후 사실상 매일같이 진행되어온 일과였다. "그날 아침 회의의 중요성은 말로 다할 수 없습니다. 저는 그것을 내부 시스템이 효율적으로 움직이기 위한 시발점으로 봅니다. 특히 시스템이 복잡할수록 그렇습니다." 그날 아침 회의의 주요한 목적은 "그 날을 통제할 수 있는 것"이었다.(p.29) "요점은 즉각적인 대처가 아니라, 나에게서 리더십을 기대하는 사람들과 나 자신을 위해 대책을 세우는 것이었다." (p.37)

이 모든 것은 테러 이후에 발생한 일이다. 줄리아니 시장은 그날 아침 회의에서 모호성을 줄이고, 명확한 목표를 제시함으로써 리더십을 발휘하였다. 그가 모두를 위해 뚜렷한 지침을 전달할 때 그의 정치 기술이 발휘되었다. 그는 냉정을 유지하기 위해 노력했고, 다른 사람들이 그를 신뢰하고 그의 명령대로 움직이도록 만들 수 있었다. 그의 정치의 기술은 그가 스트레스에서 탈피하여 평상심을 유지하는 것뿐 아니라, 다른 사람들의 스트레스를 줄여 주기도 했다. 다른 사람들은 그를 신뢰하였으므로 그의 명령을 따르고, 냉정을 되찾을 수 있었다.

정치의 기술이 뛰어난 사람들은 주변 사람들을 하나의 팀으로 움직이게 할 수 있다. 줄리아니 시장은 "되돌아보면, 제가 다른 누구보다 더 잘 계발해온 기술이란 제 주위를 위대한 사람들로 에워싼 것입니다."라고 말했다.(2002) "9월 11일에 각자의 자리를 지키고 있던 사람들은 대단히 강한 사람들이었습니다. 특히 그 재앙으로 인해 우리가 해야 할 일들 중 많은 부분이 전례가 없던 일이었기 때문에 그러합니다."(p.98).

그 테러 공격 이후, 줄리아니 시장의 리더십은 입증되었지만, 더 중요한 것은 정치의 기술을 이용하여 다른 사람들이 그의 판단력을 신뢰하도록 만들고, 심지어 엄청난 불확실성과 슬픔 그리고 스트레스 속에서도 그들의 의무를 충실히 수행하게 만들 수 있었다는 것이다.

결 론

여러 가지 이유로 조직 내에서 직무 스트레스가 증가하고 있으며, 직무 스트레스는 심각한 건강상의 문제를 일으키고 있다. 그러므로 우리는 직장에서의 스트레스 원인을 찾아내야 할 뿐만 아니라, 사람들이 스트레스에 효과적으로 대처할 수 있는 방법을 찾아야 한다. 정치의 기술은 확실히 이 과정에서 중요한 역할을 하는데, 비즈니스에서 사람들을 해칠 수 있는 장애적인 긴장과 부담에 대한 항생제가 될 수 있다.

스트레스는 모든 직급과 직종의 사람들에게 영향을 미친다. 특히 최고경영자와 지도자에게는 스트레스가 중요한 문제인데, 이는 그들을 감시하는 상황들이 점점 증가하고 있기 때문이다. 그러한 사람들은 특히 정치기술의 이점을 잘 알 수 있다. 다음 장에서는 정치의 기술이 어떻게 지도자의 효율성을 증가시켜주는지를 살펴본다.

8. 리더십 구축과 팀 성과

리더십이라는 개념은 지난 수세기 동안 많은 사람들의 관심의 대상이었으며, 특히 효과적인 리더의 자질에 관심이 집중되었다. 오늘날에도 신문이나 잡지에서 대통령, 장군, 기업 CEO, 코치 등 리더들에 관한 기사들을 항상 볼 수 있다.

리더십의 영역이 이렇게 광범위한데도 불구하고, 대부분의 사람들은 효과적인 리더의 자질이 일정하다고 생각한다. 리더의 자질이 4성 장군이나 기업체 회장 그리고 기타 조직의 수장에게 동일하게 적용된다고 믿는다.

그러나 사람들의 믿음은 여기까지이다. 어떤 자질, 어떤 종류의 품성이 가장 효과적인 리더를 결정하는지는 여전히 논란거리이다.

여기서 그 정의를 내리려는 것이 아니다. 우리는 모든 리더들은 반드시 정치의 기술이 뛰어나야 한다고 믿는다. 그 이유는 정치의 기술이야말로 리더에게 가장 중요하고 필요한 변화를 이끌 힘을 제공하기 때문이다. 이 장에서는 다른 사람에게 영향을 미치거나, 대기업을 경영하거나 혹은 스포츠 팀 감독 역할을 수행하는 등 어떤 경우에서든 정치의 기술이 어떻게 리더십 과정에서 핵심적 역할을 수행하는지를 살펴본다.

리더십 비결의 주요 요소

리더십에 대한 정의 중에서 한 가지 공통적인 요소는 영향력이다. 리더들은 사건들을 규정하고 해석하며, 목표를 성취하기 위해 격려하고 동기를 부여하며, 또한 조율하고 코치한다. 해리 트루먼 Harry Truman 대통령은 "지도자는 … 다른 사람들로 하여금 그들이 하기 싫고 좋아하지 않는 일을 하도록 만들 능력을 가진 사람이다."라고 표현했다.(Matthews, 1988, p. 195)

리더십이 영향력을 행사하는 과정이라면, 보다 효과적이기 위해서 두 가지 기본 자질이 필요하다. 먼저 정치적 의지, 즉 영향력을 행사하려는 욕구나 동기 또는 성향이 필요하다. 또한 정치의 기술, 즉 영향력 행사가 성공적일 수 있도록 만드는 스타일과 수완이 필요하다. 남을 이끌려는 의지가 없다면, 정치의 기술은 충분히 활용되지 못하는 자원이며, 좋은 길을 두고 좁고 험한 길로 걸어가야 한다. 효과적으로 영향력을 발휘하는 기술이 없다면, 정치적 의지는 끝없는 어려움과 분열의 싹이 될 뿐이다.

리더 스타일의 정치 기술과 불명확한 특성

리더 스타일은 다른 사람들로 하여금 리더로 인식하게 만드는 특정한 행동을 표현하는 방식이다. 사실 리더의 효율성은 그들의 스타일에 따라 판단되며, 그들이 무슨 말을 하느냐 뿐만 아니라, 그 말을 어떻게 표현하는지에 따라 우수한 지도자 여부가 판단된다는 것이 오래 전부터 주장되어 왔다.(Bolman & Deal, 1991).

그러므로 리더십 스타일은 수년 간 논의되어 온 또 다른 개념이며, 아직 일치된 의견에는 이르지 못했다. 리더십 스타일에 관한 수년간의 연구 끝에 내려진 유일한 결론은 아무도 리더십 스타일이 정확히 무엇인지 또는 그것이 리더십에 어떤 영향을 미치는지 모른다는 것이다.(House & Aditya, 1997)

우리는 리더십 스타일이 기본적으로 정치의 기술 개념으로 구성된다고 보고 있다. 리더십 스타일은 효율성에 기여하는 행동과 연관이 있으며, 정치의 기술도 마찬가지이다.

정치의 기술은 또한 효율적 행동을 위한 필요조건이다. 상황에 대한 정확한 분석과 어떤 행동을 취해야 할지를 기민하게 결정하는 것, 그리고 공통의 이익을 위해 어떻게 진실한 모습으로 보일 수 있는가 등이 정치의 기술이다. 또한 정치기술에서의 네트워킹 구성 요소들은 그룹 활동의 성공에 필수적인 사회적 자원을 생산해낸다.

리더의 사회적 자원

사회적 자원은 네트워크와 그들과 관련된 사회적 커넥션과 유대관계를 발전시킴으로써 구축되며, 이를 통해 자신의 목표를 달성하는데 도움이 될 자원에 접근할 수 있다. 어떻게 생각하면 조작이라고 생각될 수 있지만, 자신도 다른 사람들이 가용할 수 있는 자원이 된다. 일반적으로 서비스란 상호 호혜적이다. 동시에 진행되거나, 장기적 간격을 두고 진행되거나, 어떤 경우이든 사회적 네트워크는 구성원 모두에게 도움이 된다.

정치의 기술을 갖춘 리더들은 재능이 있고 영향력 있는 사람들로 구성된 다양한 네트워크에 참여함으로써 사회적 자원을 광범위하게 축적한다. 프레드 루탄스Fred Luthans와 그의 동료들(1998)은 성공적인 경영자들이 가장 자주 참여하는 활동은 네트워크 구축이며, 비교 우위를 점하는 요소는 정치의 기술을 활용하는 것과 관련이 있음을 보여주었다.

리더들이 조직 내부와 외부에 구축하는 동맹, 연합 그리고 친목 네트워크는 네트워크 내에서 우호적인 명성을 얻고 주요한 지위를 점하는데 도움이 되며, 따라서 정보에 대한 접근 기회가 증가되며 영향력이 확대되고 그리고 신뢰와 협동을 불러낼 수 있는 더 큰 능력으로 연결된다. 정치의 기술을 갖춘 리더들은 주변 사람들로부터 개인적인 복종과 헌신을 고무시키기 위한 호의를 베푸는데 익숙하다. 이 모두는 그들 자신의 권력과 영향력 증대로 이어진다.

리더십은 사람들로 하여금 그들이 원하지 않는 일을 기꺼이 하게 만드는 것이라고 정의한 트루먼 대통령의 말을 생각해 보자. 그것은 영감, 동기부여, 코칭 그리고 조율의 이미지를 상기시키며, 다른 사람들에게 영향력을 행사하여 목표를 최대한으로 달성할 수 있도록 촉진한다. 이 행동들은 정치의 기술을 갖춘 리더들의 스타일을 반영한다. 재미있게도 지난 수년 간 기업 경영진으로부터 우리가 가장 많이 들었던 질문은 "직원들에게 어떻게 동기부여를 해야 하는가?"이다.

이 질문에 대한 답을 생각하다 보면, 리더십에 대한 특정한 관점과 다양한 대답이 떠오르게 된다. 일부에게는 직원들에게 동기를 부여하는 일이 직원들에게 올바른 행동을 명령하고 심지어 그 방향으로 강제적으로 끌고 가는 것일 수 있다. 다른 사람들에게는 보상을 통해 바람직한 행동을 고무하고, 징벌을 이용해 바람직하지 않은 행동을 억제하는 것일 수도 있다. 이 두 가지 관점의 공통점은 리더를 타인이 하기 싫어하는 일을 강제하는 사람으로 간주하고 있다는 것이다.

그러나 남들로 하여금 하기 싫은 일도 자발적으로 수행하고, 심지어 그러한 수행을 즐기게 만드는 것이라는 트루먼의 관점은 다르다. 잠시 멈추고 리더들이 사람들에게 동기를 부여하는 방법에 관한 질문으로 돌아가자. 사람들을 강제로 끌고 가서는 답이 안 나온다. 그들 스스로 동기를 부여할 수 있는 조건과 상황을 만들어 줄 수 있다. 어떻게? 그것은 우리가 정치의 기술이라 부르는 미묘하지만 강력한 자질을 요구한다.

정치의 기술 속에 리더의 스타일이 포함된다면, 이런 스타일이 어떤 식으로 표현될까? 다음에서는 정치의 기술을 갖춘 리더들이 그들의 목표를 성취하기 위해, 수사나 언어 등 커뮤니케이션을 어떻게 전략적으로 사용하는지 살펴볼 것이다.

정치의 기술과 리더십 커뮤니케이션

리더십은 종종 다른 사람들을 위해 중요한 일들에 대해 정의하고 해석하는 일과 연관이 있다. 그것이 리더십 행동을 구성하고, 심지어 우리가 사람들을 리더로 인식하게 되는 이유이다. 특정한 이미지를 전달하기 위해 언어, 수사, 상징 그리고 비언어적 커뮤니케이션 등을 복잡하게 엮어 사용한다.

루이스 폰디Louis Pondy(1978)는 다양한 사실에 대한 관찰을 토대로 리더십에 있어서 커뮤니케이션하고자 하는 것은 말이 아니라 의미를 전달하는 행위로써 '언어 게임language game'이라 정의했다. 논의를 위해 우리는 커뮤니케이션으로서의 리더십을 언어와 수사, 상징적 행동 그리고 비언어적 행동과 전략적 감정 커뮤니케이션이라는 세 가지 분리된 범주로 나누었다. 그러나 리더십에 내재된 영향력으로써의 프로세스는 이 세 가지 모두를 전략적으로 통합함으로써 실현될 수 있는 것이다.

언어와 수사

언어는 조직과 일상생활에서 다른 사람들과 커뮤니케이션하는 가장 일반적 방식이며, 따라서 영향력의 강력한 토대이다. 수사(修辭)라는 용어는 다른 사람들에게 영향력을 발휘하기 위해 언어들을 효과적으로 사용하는 것을 말하지만, 그런 노력을 인위적이고 외향적으로 조작하는 듯한 느낌을 주므로, 그러한 프로세스 자체와 수사의 정교한 사용에 대해 사람들이 느끼는 모호성 모두를 통칭한다.

리더십에 대한 연구 결과는 카리스마적인 리더십이 인상을 관리하고, 다른 사람들에게 영향을 미치며, 동기를 부여하고 영향력을 발휘하기 위해 수사적 기법을 전략적으로 이용하고 있음을 보여준다.(Gardner & Avolio, 1998)

논쟁과 대화 그리고 언어의 상호작용을 통해 전달되는 정보는 사람들이 그들의 세계를 인식하는 태도의 기반이 된다. 왜냐하면 언어가 사회적 영향력에 힘을 발휘하는 하나의 형태이기 때문이다.(Pfeffer, 1992) 또한 사람들이 조직에서 언어를 통해서 정치적 현실을 경험하고 있으며, 그러한 사람들의 경험은 리더가 조직 내에 진행되는 상황을 해석하고, 의미를 부여하는 노력을 통해서 이루어진다. 그것은 정치의 기술에서 중요한 한 가지 측면이다.

특정 목표와 목적을 성취하기 위해 고안된 상호 작용인 전략적 커뮤니케이션은 명확하기 보다는 종종 의도적으로 모호성과 혼란을 야기한다. 겉보기와는 다르게, 커뮤니케이션에서 전략적 모호성은 의미를 관리하는 한 가지 방법이며, 따라서 조직 내의 활동과 사건의 의미에 관한 합의가 이루어지지 않음을 바탕으로 영향력을 행사할 수 있다.

그것은 정치인들과 최고경영진들이 의도적으로 모호한 표현을 사용함으로써 그들의 지위를 보호하려는 전략적 노력의 결과이며, 그들은 종종 실제 생활에서도 그런 태도를 보인다. 실제로 효과를 보는 경우도 많은데, 부분적으로는 그들이 지닌 정치 기술의 결과이기도 하고, 또다른 면에서는 추종자들의 정치 기술이 부족한 것도 원인이 된다.

조직 내에서 다양한 목표들을 성취하기 위해 커뮤니케이션을 전략적으로 이용하고 있다. 경영자들은 일반적으로 그들의 핵심 역할들 중 하나가 직원들에게 명확한 정의와 방향을 제시하는 것으로 인식하고 있는데, 그런 상황을 너무 명확히 한다면 그들의 역할이 축소된다.

그러므로 목표와 절차 등이 명확한 상황에서 정치의 기술이 부족한 경영자들은 의도적으로 애매한 상황을 조성하여 그들의 존재 가치를 드러내고자 한다. 반대로 정치의 기술이 뛰어난 관리자들은 주어진 상황을 보다 명확히 유지함으로써 보다 큰 조직의 효용성을 성취할 수 있는 새로운 역할을 찾는다.(Buckman, 2004)

상징적 행동

조직 내 커뮤니케이션은 지식과 정보 전달 이상의 것이다. 의미를 전달하고 영향력을 행사하기 위한 상징일 수 있다. 상징적 행동은 사람들이 공유된 의미와 이해를 바탕으로, 환경을 만들어내고 환경과 상호 작용하는 방식과 관련이 있다.(Russ, 1991) 제프리 페퍼는 "그것은 본질적으로 환상의 원칙principle of illusion 위에서 작동하며, 정치적 언어와 설정 그리고 의식을 이용함으로써 사람들에게 강력한 감정을 효과적으로 끌어낼 수 있으며, 그러한 감정들은 합리적 분석을 흐리게 한다."고 지적했다 (1992, p.279)

상징적 행동은 명성이 형성되고 유지되는 과정에서 중요한 역할을 하며, 비즈니스 리더들과 정치인들은 그들이 강력하다는 이미지를 빚어내기 위해 열심히 상징을 조작한다. 그들의 권력은 실체보다는 외견상 나타나는 인식에 더욱 의존하지만, 눈에 비치는 느낌이 종종 실체로 나타나며, 특히 암시나 함축된 욕망이 명령으로 받아들여지는 상황에서는 더욱 그러하다. 상징적 커뮤니케이션은 모호한 근무 환경에서 가장 효과적이며, 따라서 결과에 대한 리더의 해석이 더욱 빛을 발할 수 있다.

언어와 커뮤니케이션 그리고 상징적 행동을 통해, 경영자들은 그들의 근무 평가에 쏟아지는 시선을 성과로부터 행동으로 옮기거나, 혹은 성과와 행동이 구별되지 않는 상황을 조성한다. 조지 갤럽 George Gallup이 말한 바와 같이, "사람들은 다른 사람을 평가할 때 그의 목표와 그가 성취하기 위해 노력하는 대상을 기준으로 판단하는 경향이 있으며, 반드시 그가 이미 성취한 것에는 집중하지 않는다."(Edelman, 1964, p.78) 그렇기 때문에 리더들은 상징과 언어 그리고 수사적 기법을 전략적으로 활용함으로써 그들에게 유리한 상황을 조성할 수 있다.

따라서 제프리 페퍼는 다음과 같이 결론을 내린다. "정치적 언어는 종종 효과적인데, 사람들은 그들의 의도와 그들이 성취하려는 것에 대한 상징으로 판단되며, 실제로 그들이 수행하는 실체는 덜 중요하기 때문이다."(1992, p,288)

비언어적 커뮤니케이션과 전략적 감정

우리가 말하는 내용 외에도 표정, 행동, 그리고 드러내고자 하는 감정 등 말하는 방식 역시 영향력의 중요한 메커니즘에 포함된다. 전략적인 비언어 영향력을 구성하는 여러 프로세스들 중에 인상 관리impression management가 가장 중요하며, 비언어적 행동은 인상 형성에 결정적 역할을 한다. 정치의 기술을 갖춘 사람들은 가장 진실하고 확실한 태도를 통해서 비언어적 커뮤니케이션을 성공적으로 수행한다.

전략적으로 영향력을 행사하기 위한 감정 표현은 일상생활의 중요한 부분이며, 특히 직장에서 그러하다. 재미있든 없든 사장의 유머에 웃음으로 화답하며, 때로 원하는 응답을 유도해내기 위해 동료 앞에 화난 얼굴을 짓거나, 부하 직원들이 볼 수 있도록 슬픈 표정을 짓기도 한다. 뭔가 일이 잘못될 때는 울상을 짓거나 실제보다 더 낙담한 표정을 지음으로써 화를 돌리고, 전략적으로 상대방의 대응을 순화할 수 있다.

감정 표시는 언어와 제스처, 표정 그리고 목소리 음색 등으로 전달된다. 어빙 고프먼Erving Goffman(1959)은 이를 '관리된 움직임 control moves'이라 불렀다. 관리를 위해 감정을 이용하는 것은 중요하지만, 이는 표현된 감정에 달려 있다. 이것이 실제로 경험하는 감정과 반드시 같을 필요는 없으며, 때로는 실제 감정을 숨기기 위한 위장일 수도 있다.

사장이 화를 돋우는 말을 할 때, 실제 느낌 그대로 화를 드러낸다면 문제 해결에 도움이 될지는 몰라도 오히려 상황을 악화시킬 가능성이 더 크다. 정치의 기술을 갖춘 사람들은 감정을 통제할 줄 알며, 자신의 감정을 건설적으로 표현할 수 있다.

비행기 승무원과 같은 일부 직종은 표현해야 할 적절한 감정에 대한 정형화된 규칙을 정해 놓고 있다. 승객들에게 우호적인 태도를 보이고 미소를 머금는 것은 단지 그 직무의 일부일 따름이며, 승무원들이 굳이 호감이 가는 승객들에게만 그런 태도를 보이는 것은 아니다. 대부분의 직종들은 그런 정형화된 룰이 없지만, 언제 어떤 상황에서 어느 범위까지 어떤 감정을 내보여야 할지에 대한 암묵적 합의 같은 것이 있다.

정치의 기술을 갖춘 사람들은 그들의 감정을 효과적이고 진실되게 드러낼 기교를 갖추고 있으며, 알리 혹스차일드Arlie Hochschild (1983)가 '감정적 스태미너emotional stamina'라 불렀던 것처럼, 오랫동안 여러 감정들을 표출할 수도 있다. 일부 리더들은 전략적으로 언제 어떻게 감정을 표출할지를 알고 있으며, 비극적 상황과 같은 경우에 자상한 모습을 보이는 것 등이다.

가령 클린턴 대통령은 수사학과 비언어적 행동 그리고 전략적인 감정 조절을 통해, 강력하고도 확신에 찬 모습으로 자신의 의사를 전달하는데 탁월한 재능이 있었다. 그는 정치의 기술과 커뮤니케이션 간의 관계를 잘 보여주는 살아있는 표본이다. 그의 지지자들과 반대자들은 하나같이 깊은 함정 속에서 긁힌 흔적 하나 없이 빠져나오는 그의 비범한 능력에 입을 다물지 못한다. 방송에서의 연설과 인터뷰, 그리고 언론 보도를 통해 클린턴은 잠시 말을 멈추거나, 몸짓과 감정 조절을 통해 강력하고도 신뢰할 만한 이미지를 전달하는데 탁월한 재능을 보였다.

클린턴은 탁월한 정치적 재능과 실체를 해석하고 또 재해석하는 능력으로, 일련의 사건들을 단지 끝없는 해석과 언어학적 조작의 대상으로 만들어 버리고, 결코 그에 대한 최종적인 판단을 유도하지 않았다.(Morrow, 1998, p.29) 사실 빙빙 돌리기의 중요성이 다시 한 번 강조되는데, 실체는 존재하지 않고, 해석은 이미지 관리를 통해 조작되며, 톰 피터스Tom Peters가 말한 것처럼, "고기 굽는 소리는 요란했지만, 스테이크는 볼 수 없었다."는 상황이다.(Kanter & Mirvis, 1989, p. 130에서 인용)

빙빙 돌리기

언어와 수사, 상징적 행동, 비언어적 커뮤니케이션 그리고 계산된 감정 표시를 통해, 개인이든 그룹이든 우리는 주변에 있는 사람들에게 사회적 영향력을 행사할 수 있다. 그런 행동을 어디서 배우는가? 리더들이 하는 행동들을 보여주는 다양한 커뮤니케이션 미디어들을 잘 지켜보면, 경영대학이나 조직 내 교육 훈련 담당자들은 아마도 미래의 경영진들이 그들의 다양한 역할들을 수행하기 위해 무엇을 준비해야 되는지에 대해 다시 생각해봐야 할 것이다.

경영이나 리더의 업무가 워낙 상징이나 이미지 그리고 해석에 집중되어 있으므로, 우리는 칼 웨익Karl Weick의 "경영자의 적절한 역할은 회계사보다는 선교사에 가깝다."(1979, p.42)라는 평가에 동의한다. 제프리 페퍼도 비슷한 말을 하였다. "권력을 구축하고 이용하는데 있어서 의식과 언어의 중요성으로 인해 우리는 경영진들에게 연극과 문학 혹은 영어 수업을 듣게 하였다."(1992, pp. 295-296)

리더들이 연극과 영화의 배우들에 비교될 수 있다면, 3장에서 논의하였듯이, 연기 수업이 경영 및 리더를 위한 훈련으로 채택되더라도 놀라운 것이 아니다. 많은 경영대학원들이 그러한 요구들을 수용하고 있는 것으로 보이며, 미디어를 통해 자신과 기업의 이미지를 높이는 방법들을 가르치고 있다.(Deutsch, 1990)

사실 연기 지도와 연설문 작성 그리고 미디어 자문들에 의해 '리더의 이미지 구축과 조작'에 관한 많은 연구가 진행되고 있다.(Gardner, 1995, p.60) 물론 진정한 열쇠는 역할을 연기하는 것이 아니라, 역할 속의 인물이 되는 것이며, 이는 진실성을 향상시키는 것으로 이어진다. 그러한 진실성은 정치의 기술이 뛰어난 사람들에 의해 가장 잘 보여진다.

카리스마와 정치의 기술

리더십과 연관 있는 것으로 보이는 카리스마의 특성은 카리스마 그 자체이다. 그것은 사람들로 하여금 비전과 일련의 행동을 따르도록 고무하는 특별한 자질이다. 그럼에도 20여 년 전까지만 해도, 대기업의 경영자들은 예전 그들의 낮은 직급에서는 카리스마가 빛을 발할 수 없었던 것으로 보고, 오직 근무 성과에 기초하여 선발되는 관행이 있었다.

라케시 쿠라나Rakesh Khurana는 CEO 선발에 관한 대규모 연구를 진행했는데, 오늘날 포춘지가 선정한 500대 기업의 '적합한 경영자'가 되기 위해서는 반드시 '카리스마가 있는 리더'의 자질을 갖춰야 함을 보여주었다. 그에 의하면, 이러한 리더 선발 기준의 변화는 1979년 리 아이어코카가 크라이슬러의 최고경영자로 취임하여, 벼랑 끝에 있던 기업을 화려한 성공으로 조율했던 때에 시작되었다. 아이어코카는 그러한 구조조정 과정에서 그 자신을 일종의 의식 주관자로 자리매김하였다.(6장에서 간략하게 다루었다.)

사실 쿠라나가 적절하게 지적했듯이, "CEO들은 록 스타가 되었고"(p.251) 잡지 표지에 주기적으로 등장하였다. 엔론, 월드컴, 그리고 타이코와 같은 최고경영진들이 개입된 최근의 기업 스캔들은 적어도 부분적으로 다양한 미디어들이 창조한 인물들에 의해 발생한 것이다.

지도자의 카리스마는 상당한 관심의 대상이었다. 그러나 사람들로 하여금 행동하게 만드는 능력이 우리가 말하는 카리스마라면, 그것은 정치의 기술 범주에 속하는 하나의 품성이다. 즉 정치의 기술을 갖춘 사람들은 상황을 민첩하게 파악하고, 바람직한 이미지를 창출하기 위해 스스로의 행동을 조절하고 상황에 적응시키며, 그러한 이미지를 강화하기 위해 사회적 자원을 이용하고, 이 모든 과정을 성실하고 진실되며, 확신에 찬 모습으로 진행하는 데 매우 효과적이다.

그러므로 카리스마는 우리가 정치의 기술이라 부르는 능력의 단지 일부분일 따름이다. 우리는 리더란 그들의 카리스마적 인상을 관리하기 위해 능동적으로 활동한다는 의견에 동의하며, 그러한 노력을 성공으로 이끄는 것이 정치의 기술이라는 입장을 지지한다.

정치의 기술과 최고경영자

지금까지 살펴보았듯이, 조직은 정치의 영역이다. 직장에서의 정치적 관행은 삶의 한 부분이며, 직급이 올라갈수록 더욱 그러하다. 최고경영자에게 있어서 정치의 기술은 성공과 효율성에 도움이 되는 정도를 넘어서 필수적인 요소이다.

최고경영자가 하는 일들 중의 많은 부분이 본질적으로 상징적이다. 그러므로 이미지 창출과 조작이 더욱 쉽다. 이러한 관찰은 새로운 주장이 아니다.

사이릴 소퍼Cyril Sofer는 "성공 가능성이 높은 중역들은 언제 열의와 정열, 관심, 걱정, 온화함, 자신감 그리고 정통함을 보이고, 언제 웃음 짓고, 누구와 더불어 웃으며, 누구와 얼마나 친해져야 할지를 배운다. 성공적이라는 것은 하나의 인격체를 그 환경과 조화시키는 것이다."라고 하였다.(1970, p.61)

로버트 잭콜Robert Jackall은 "성공적인 경영자들은 적합한 가면을 쓰는 법을 배우고, 적합한 단어를 사용하는 법을 배우며, 적합한 사람들을 알게 되고, 미묘한 자기선전의 예술을 길러가는 사람이다."라고 말했다.(1998, p.74) 즉 관리자들과 중역들은 의식적으로 자신의 이미지를 관리해야 하고, 완전함을 위해서는 정치의 기술이 필요하다.

사회적 통찰력과 대인관계 영향력 측면은 여기서도 핵심적인 역할을 수행하며, 당연한 얘기지만, 진실성과 성실성이 없다면 이 모든 시도는 효과적이지 않을 것이다.

또한 인적 네트워크human networking 구축 능력 역시 효과적인 경영에 필수적이다. 사실, 프레드 루탄스와 그의 동료들(1988)이 발견했듯이, 효율적인 경영자들은 그들의 시간 중 절반 이상을 네트워킹 활동에 투입하며, 이는 전통적인 경영자 활동에 투입되는 시간보다 훨씬 많다.

리더십은 다른 사람들과 더불어 그리고 그들을 통해 목표를 성취하는 것과 관련이 있으며, 정치의 기술을 갖춘 사람들에게 축적되는 사회적 자원을 통해 리더들은 효과적으로 목표를 성취하고 있다. 따라서 그러한 기술들이 조직 내 생활에서 핵심적인 역할을 수행함을 더욱 잘 보여준다.

책임과 명성

정치의 기술은 책임, 신뢰 그리고 명성과 더불어 지도자의 효율성을 확장시키는 품성들이다. 6장에서 명성의 개발과 유지에 있어서 정치 기술의 역할을 논의하였는데, 똑같은 관찰이 리더십에도 적용된다. 왜냐하면 명성은 리더의 효율성에 지대한 영향을 미치기 때문이다.

정치의 기술은 리더의 명성을 형성하는데 영향을 미치고, 다른 사람들이 리더를 더욱 신뢰하게 만드는 요소이다. 또한 주변 사람들의 보다 큰 신뢰는 리더에게 더 큰 재량을 제공한다. 그러므로 정치의 기술을 갖춘 리더들은 행동의 제약을 덜 받게 되는데, 사람들은 리더의 행동이 자신들과 조직에 이익을 가져다 줄 것이라 믿기 때문이다.

불행하게도 리더에 대한 신뢰는 그 믿음이 유지되는 동안에만 유효하다. 즉 기대가 현실에 부합하고, 리더가 항상 그런 기대를 충족시켜준다면 문제될 것이 없다. 그러나 그들은 종종 자신이 하는 일이 다 옳다는 생각을 갖게 되는데, 이 때가 위험하다. 바로 그들이 조직이 아니라 자신의 이익을 추구하게 되는 시점이다.

사실 엔론, 월드컴 그리고 타이코에서 지켜본 기업 스캔들도 그러한 이유 때문이다. 가령, 타이코의 CEO였던 데니스 코츠로스키Dennis Kozlowski는 그의 명성과 정치의 기술 그리고 주변의 신뢰 덕분에 보다 많은 재량을 가지면서, 보다 적은 책임을 진 것이다. 그는 타이코의 자금 수백만 달러를 그의 개인적인 휴가나 그림 수집, 가구 구매 등에 쓰면서도, 그의 고용주에 대해 어떤 책임감도 느끼지 않았다.

풋볼 코치 마이크 프라이스Mike Price의 경우를 보자. 그는 화려한 우승 경력 덕분에 앨라배마 대학의 수석 감독으로 선임되었다. 전설적인 감독 폴 브라이언트Paul Bryant가 그 대학을 최강 팀으로 만들어 놓은 이래, 그 자리는 미국에서 가장 선망 받는 감독 자리였다.

그러나 프라이스 감독은 경기를 진행해 보지도 못하고 파면되었다. 시즌이 시작하기도 전에 보여준 그의 개인적인 경솔함은 마치 그가 대단한 인물이라도 된 것처럼 보였다. 그는 그의 행동에 책임이 없다는 듯이 보였다.

그는 경기에서 얼마나 많이 승리하는지 여부만 책임이 있고, 비록 그가 대학의 얼굴이나 다름없었지만, 필드 밖에서의 행동에 대해서는 책임질 필요가 없다고 생각했을 수도 있다. 그는 스스로를 브라이언트의 후계자로 생각했을 수도 있지만, 브라이언트는 승리의 횟수가 거듭될수록, 오히려 자신의 사적인 행동에 더욱 신중했던 사람이었다. 프라이스는 아직 한 경기도 이기기 전에 브라이언트 시절 이후 확연히 바뀐 사회적 분위기를 미처 깨닫지 못하고 있었다.

명성이란 간단히 말해 성과와 성실성, 이 두 가지 요소로 구성된다. 오늘날 양자가 모두 필요하지만, 예전에는 중역에게는 수익률, 감독들에게는 승률 등 성과만 탁월하다면, 그 외의 행동이야 어떠했든 묵인해주고, 오히려 그런 측면을 감추어주는 사회적 분위기가 존재했다. 그 당시의 리더들은 분별력이 있을 필요가 없었으며, 그저 높은 성과를 달성하기만 하면 만사형통이었다.

높은 지위와 좋은 평판 덕분에 여전히 일부 리더들은 비도덕적이거나, 불법적 행동을 저지를 수도 있지만, 정치의 기술을 갖춘 리더들은 명사들이 곧잘 빠지는 함정을 충분히 피할 수 있는 통찰력을 가지고 있다.

신뢰

신뢰는 리더들이 목표 달성에 실패하거나 심지어 의문의 여지가 있는 행동을 했을 때도, 우호적으로 보이게 하는 정치 기술의 또 다른 요소이다. 정치의 기술을 갖춘 리더들은 신뢰감을 불러일으키며, 어떤 잘못을 저지르더라도, 사람들의 첫 반응은 좋은 의도가 잘못 표현되었거나, 운이 나빴거나 혹은 다른 누구의 잘못 때문일 것으로 본다.

정치의 기술이 모자라는 리더들은 대중의 눈에 선량한 사람으로 보이지 않을 수도 있으며, 잘못이나 문제가 있는 행동을 할 경우, 즉각 이기적 의도가 있는 것으로 의심 받게 된다.

행동의 원인이 되는 동기나 의도는 사람들의 반응에 영향을 미친다. 대중은 어떤 사람의 잘못이 의도적이었다고 판단되면 처벌을 요구하겠지만, 다른 사람이나 다른 이유 때문에 발생한 잘못으로 판단되면 그렇지 않을 것이다. 정치의 기술이 뛰어난 사람을 좋아하거나 신뢰하는 것은 자연스러우며, 따라서 그들이 어떤 실수를 저지르더라도 대중의 첫 반응은 그 잘못의 원인이 다른 데 있지 않은지 찾아보는 것이다.

마사 스튜어트Martha Stewart의 경우는 재미있는 사례이다. 그녀는 TV 프로그램 진행자로서 그리고 성공적인 사업가로 명성을 얻었지만, 정치의 기술은 뛰어나 보이지 않는다. 2001년의 주식 거래에 대한 연방 조사관의 조사에 거짓말을 한 죄로 실형에 처해졌을 때, 대중들이 별로 동정을 보이지 않았다.

사람들은 그녀를 좋아하지도 신뢰하지도 않았는데, 그러한 반응은 조사와 재판에 임하던 그녀의 태도가 전혀 뉘우침이나 겸손함이 없게 보인 당시의 언론 보도와 상당한 관련이 있다. 무죄를 주장하는 과정에서 그녀는 자신을 법 위에 두고, 어떤 해명도 없이 혐의와 조사에 대해 분개하는 것으로 비춰졌다.

정치인들의 정치의 기술

입법 추진이나 방해에 충분한 표를 모으기 위한 1:1 대면 설득이나 제휴 혹은 네트워크 구축에 있어 파벌 정치partisan politics는 줄곧 영향력에 관한 중요한 연구 분야였다.

정치의 기술은 확실히 정치학의 중요한 주제이며, 유능한 정치 지도자들을 구별 짓는 가장 중요한 자질일 것이다. 정치인들은 이미지 창출과 관리의 세계에서 활동하며, 실상보다는 사실에 대한 해석이 더 많고, 그들이나 혹은 자문단이 얼마나 적절한 아이디어를 창출하느냐가 성공과 생존의 관건이다.

그러므로 정치학은 어떤 조직이나 개인적인 삶에서 영향력이 행사되는 방식과 다르지 않다. 정치의 기술은 이 모든 정황에서 핵심적이다. 이는 선거에 임하는 사람들에게 더 잘 알려져 있다.

예를 들면 사람들이 미국 대통령에게 기대하는 것은 무엇일까?

확실한 대답은 질문하는 사람들의 숫자만큼이나 다양할 것이다. 그러나 여론 조사들 속에는 재미있는 유사성이 나타난다. 미국 대중들은 대통령을 스타일, 기질, 호감, 신뢰성 또는 심지어 외모까지도 대통령처럼 보이고 행동하는 사람을 원한다.

사기꾼처럼 보인다면, 대중들은 투표하지 않을 것이다. 카리스마가 있어 보인다면, 사람들은 좋아하고 찍어줄 것이다. 호감을 주는 것이 중요한데, 사람들은 그런 사람들을 더 신뢰하고, 보다 편안하게 받아들이기 때문이다. 정치의 기술이 뛰어난 후보들은 이 사실을 잘 알고 있고, 호감을 끌어낼 인상 관리에 능숙하다. 성공적인 정치인들은 성실하고, 진실하게 보인다. 흔히 대중의 눈에는 겉모습이 곧 그 사람들의 속 모습으로 보인다. 이것은 정치의 기술이 뛰어난 사람들의 핵심적인 경쟁력이며, 선거에서 이기는 이유이다.

프레드 그린슈타인Fred Greenstein은 그의 저서 〈루스벨트에서 부시까지 리더십 스타일을 통해 본 대통령들의 특징 The Presidential Difference: Leadership Style from FDR to George W. Bush〉(2004)에서 최근의 대통령들을 조직 장악력, 비전, 감성 지능, 대중과의 커뮤니케이션, 정치의 기술 그리고 인지 스타일과 같은 중요한 자질들을 통하여 평가하였다. 주목할만한 점은 마지막 세 가지 자질이다.

대중과의 커뮤니케이션은 자신의 생각을 전달하기 위한 영향력, 언어 그리고 상징적 행동을 익숙하게 사용할 수 있는 리더십 능력과 관련이 있다. 그린슈타인에 의하면 루스벨트, 케네디, 레이건 그리고 클린턴이 가장 뛰어난 커뮤니케이션 능력을 가졌다.

그린슈타인은 정치의 기술이란 정책에 대한 지지를 이끌어내고, 정치 영역에서 다른 사람들로부터 존경을 받기 위해 권력을 단호하게 사용하며, 정치 시스템을 잘 이용할 수 있는 능력으로 보았다. 린든 존슨 대통령은 그린슈타인이 루스벨트, 레이건과 더불어 정치 기술의 거장으로 꼽는 사람이며, 클린턴 역시 이 분야의 재능을 비범하게 발달시킨 사람이다.

해리 트루먼은 정치의 기술로 크게 주목받지는 않았지만, 그 역시 영향력에는 천부적 재능을 지닌 사람이었다. 그린슈타인은 트루먼이 "다른 사람과 함께 할 수 있는 기술"을 개발했음을 지적하고, "내 동료들과 보조를 맞추려는 노력 덕분에, 나는 내가 원한 것들을 대부분 얻을 수 있었습니다."(p.40)라고 인용하면서 정치 기술의 그러한 측면을 알고 있었다고 보았다.

그린슈타인에 의하면, 루스벨트와 레이건은 지능과 인식 능력이 제한된 사람들이 그러한 제한을 벗어나 유능한 대통령으로서의 능력을 유감없이 발휘한 전형적인 예이며, 이는 그들의 뛰어난 커뮤니케이션 능력과 정치의 기술 때문이라고 보았다. 클린턴의 정치 기술 역시 예외적으로 비범하지만, 또한 그는 비범한 지능으로도 유명하다.

뉴트 깅리치 전 하원의장은 클린턴에 대해, "매우 총명하고, 비범한 자질을 지녔으며, 살아남기 위해서는 무엇이든 포기할 수 있는 사람이었다. 활력으로 보면 테오도르 루스벨트(미국의 26대 대통령)에 비견할 만하고, 개인적인 정치의 기술로는 보면, 프랭클린 루스벨트(미국의 32대 대통령)에 비길만하다."라고 하였다.("The Clinton Legacy," 2001, p.6A)

고등 교육에서의 정치의 기술

우리는 점점 더 파벌과 선거 정치 그리고 고등교육 영역 간의 유사성을 보게 된다. 대학총장에게 요구되는 기술과 자질은 점점 더 정치적으로 숙련된 능력을 요구하고 있다. 대학총장 선임위원회가 작성한 후보 명단에 들기 위해서는 학술적 성과에 대한 의심의 여지가 없는 증명이 요구된다. 저명한 대학에서의 박사 학위, 해당 분야에서의 연구 성과. 그러한 학술적 경력은 필요하고 바람직한 것으로 여겨졌는데, 총장에 선임된 자들은 대학 내 저명한 학자들의 존경과 복종을 얻을 수 있어야 했기 때문이다.

그러나 최근 들어, 특히 정부 예산에 일정 부분 의존하는 국공립 대학의 경우, 대학총장들은 교수와 직원들의 급여 인상이나 시설 확충 등에 소요되는 자금 조달을 위해 점점 더 많은 시간을 정부 당국을 대상으로 한 로비 활동에 소요하고 있다. 영향력 행사 능력, 네트워크, 커넥션, 제휴 구축 그리고 입법 활동에 대한 친숙성은 유능한 대학 총장들을 구별 짓는 자질들이다.

플로리다 주립대학은 2002년에 오하이오 주립대학 총장을 포함한 저명한 학자들이 대거 포함된 후보 명단에서, 뜻밖에도 학술적 업적이 신통치 않은 웨드렐T. K. Wetherell을 총장으로 선임했다. 웨드렐이 다른 후보들과 다른 점은 무엇일까? 웨드렐은 플로리다 주 의사당에서 오랜 시간을 보냈고, 의회 대변인으로 수년간 일했다는 것이 핵심이다.

지역신문 기사는 총장 선발과정을 이렇게 보도했다. "대학 총장의 정치 기술은 돈이 있는 곳을 알고, 새 프로그램에 도움이 될 의원들이 누군지 아는 것으로 학술적 업적보다 중요한 것이다. … 커넥션 역시 선발 과정에 중요한 요소로 등장한다. … 웨드렐은 지성, 영향력 그리고 단호함을 두루 잘 갖추었다. … 그는 탁월한 명성을 지녔다."(Cotterell, 2002, pp. 1A, 4A).

웨드렐과의 인터뷰에서 그는 "정치의 기술은 사람들로 하여금 그들이 평상시 시도하지 않는 일을 기꺼이 하도록 만드는 능력입니다. 그들이 할 수 있다는 믿음을 갖게 하는 것입니다." 그리고 "나는 제일 약한 연결고리입니다. 저를 제외한 모든 사람들이 열심히 일하고 있죠. 제가 아는 것이라고는 그들이 그 일을 하게 만드는 방법뿐입니다."라고 정치의 기술에 대한 정의를 내렸다.

그가 정치의 기술을 지닌 리더란 무엇인지 질문을 받았을 때, 그는 클린턴과 레이건을 언급했다. "클린턴을 다섯 번 만났습니다. 그는 카리스마와 더불어 대단히 총명한 사람이었죠. 카리스마와 능력을 모두 갖출 때, 그것은 강력한 힘이 될 수 있습니다. 클린턴과 얘기를 나눌 때, 실내에 수십 명의 사람들이 가득 차 있는데도, 마치 내가 그 안에서 가장 중요하고 재미있는 사람이라는 느낌이 들게 만들었죠. 레이건은 한 번 만났는데, 그 역시 동일한 느낌을 주었습니다. 정치의 기술을 정의하기가 쉽지 않지만, 보면 알 수 있는 그런 것이죠."

리더십, 정치의 기술 그리고 팀의 성과

리더십이란 단어는 한 가지 질문을 제기한다. 도대체 무엇이 리더십인가? 리더십은 팀, 그룹 혹은 단위의 성과이다.

1장에서 시사한 바와 같이 리더의 역할은 변화하고 있다. 리더는 한 때, 관찰자나 문지기로 묘사되기도 했는데, 오늘날의 리더는 코치 혹은 조율자나 동기 부여자로 가장 잘 묘사된다. 직원들을 엄격한 상명하달식 관료 조직에 가두는 대신에, 오늘날의 성공한 리더들은 조직의 구조적 방해물을 포함한 장벽을 제거하고, 직원들의 노력이 공동의 목표를 향해 모이도록 사기를 진작하고 담당 업무들을 조율하는 것이다. 이러한 변화는 본질적으로 경영자로 하여금 이전과 다른 자질과 역량을 요구한다.

의심의 여지없이, 조직의 유능한 리더들은 오늘날에도 그리고 미래에도 코칭, 협력 그리고 조율과 같은 인간관계에 에너지를 집중한다. 이것은 특히 팀을 기반으로 한 조직에 알맞은 것으로 그러한 조직은 점점 수가 증가하고 있으며, 리더는 팀의 성과에 영향을 미치는 핵심적인 역할을 수행한다.

리더가 팀원들 속에 참여하는 방식에 따라 해당 팀의 전반적 성과에 차이가 난다. 리더가 팀원들에게 권한의 상당 부분을 이전하는 분권형 팀 조직은 팀원이 리더에게 제한된 자문만 요구하는 다른 팀 조직에 비해 훨씬 큰 성과를 낳는 것으로 밝혀졌다.(Batt & Applebaum, 1995) 분권형 또는 팀원의 실질적 참여 조직에서는 리더의 직접 통제가 줄어들지만, 또 다른 위험이 따른다.

이로 인해 자발적 복종을 이끌어내기 위해 정치의 기술이 이용될 수 있으며, 따라서 정치의 기술은 목표 달성을 위한 영향력 행사의 미묘한 수단이 될 수 있다. 이는 정치의 기술을 갖춘 리더들이 직관적으로 그들의 부하들의 심리를 읽고, 그들이 이끄는 사람들 각각에 대해 다른 스타일을 보인다는 것을 시사한다. 그들은 리더십을 개별 팀원들의 고유한 욕구와 재능에 맞추어 행사할 능력이 있다.(리더와 멤버 간의 교류에 대한 상세한 논의는 Graen & Uhl-Bien, 1995. 참조.)

리더의 정치 기술과 팀 성과 간의 상관 관계는 이론적 범위를 넘어선다. 미국의 어느 한 주정부의 어린이 복지 시스템에서 실시한 리더들에 관한 한 연구를 예로 들면, 리더 측의 정치 기술은 팀 성과의 의미있는 예측 지표로 입증되었으며, 팀 성과는 아동이 합법적 양육 가정에 최종 입양되는 숫자로 측정되었다. 이 상호 관계는 리더의 경험, 팀원의 경험, 팀원의 평균 숫자, 어린이의 평균 나이, 팀들의 평균 담당 건수를 통제한 뒤에도 여전히 나타났다.(Ahearn, Ferris, Hochwater, Douglas, & Ammeter, 2004)

비록 위의 사례 연구가 흥미롭고 중요하긴 하지만, 리더의 정치 기술이 팀의 성과에 어떻게 그리고 왜 영향을 미치는지에 대해서는 어떤 정보도 알려주지 않는다. 또 다른 후속 연구에 의하면, 리더의 정치 기술이 추종자들에게 리더와 조직이 강력한 지원을 제공하는 느낌을 주고, 이는 다시 리더에 대한 신뢰가 증가되며, 결과적으로 조직의 성과를 증대시키는 데 영향을 미친다고 주장한다.

그 연구자들은 리더의 정치 기술은 추종자들로 하여금 지지받고 있다는 느낌을 주며, 이는 신뢰로 이어진다. 결과적으로 조직 전체의 헌신에 영향을 미치고, 이 모두는 추종자들로 하여금 보다 충성적이고 생산적으로 변화시킨다는 사실을 발견하였다.(Treadway et al., 2004)

앞에서 살펴본 바와 같이 뛰어난 리더십은 흔히 리드되는 팀의 성과로 정의되며, 정치의 기술을 갖춘 리더들은 상호 교류를 촉진하고 행동들을 조율하며, 노력을 고무하고 팀이 보다 나은 성과를 이룰 수 있도록 지도한다. 우리는 그러한 관찰들을 스포츠 팀을 성공적으로 이끈 코치들과 그들이 팀의 성과 증진을 위해 정치의 기술을 어떻게 사용했는지에 관한 주제로 확장한다. 다양한 스포츠 팀 각각에서 성공적인 코치들을 발견할 수 있었지만, 대중적 인기가 높은 대학 풋볼 팀들에 시선을 돌려보자.

대학 풋볼 역사는 많은 성공적인 코치들을 배출하였는데, 그 중에는 전설과 같은 노트데임 대학의 크누트 로크니Knute Rockne, 별명이 곰인 앨라배마 대학의 폴 브라이언트Paul Bryant는 물론, 오늘날의 유명한 코치들인 펜실베이니아 주립대학의 조 패터노Joe Paterno, 플로리다 주립대학의 보비 보우든Bobby Bowden 등이 있다.

지면 관계상 이들 모두를 살펴볼 수는 없지만, 우리는 보비 보우든의 경이로운 삶이 훌륭한 사례라고 생각한다.(2001) 사실 보우든은 대학 1부 리그의 최다 승리 코치로서 그의 감독 인생을 마무리하는 시점에 있다. 보비 보우든은 풋볼 게임의 본질을 잘 이해하고 있었을 뿐 아니라, 뛰어난 정치의 기술로 인하여 성공하였다.

성공적인 풋볼 코치의 필수 자질이 무엇이고, 그러한 자질과 품성이 팀의 실제 성과에 어떻게 연결되는가? 보비 보우든은 우리가 앞서 말한 정치의 기술을 갖춘 유능한 경영자, 정치인 그리고 대통령들과 동일한 자질을 갖춘 사람으로 보인다. 그가 결코 타협하지 않는 일련의 강력한 원칙과 더불어 살아온 것은 쉽게 알 수 있다. 그는 자신감에 차 있었지만 결코 거만하지 않았다. 사실 그는 겸손함의 중요성을 깊이 믿고 있었다. 또한 그는 성실성, 열의 그리고 충성심을 가졌으며, 리더의 표상과 같았다.

보우든이 인정하는 바와 같이, 그가 한 일의 한 가지 중요한 부분은 선수 선발 과정과 일상적인 훈련에서 그를 위해 경기하는 사람들을 설득하고 영향력을 발휘하는 것이다. 그는 운동선수들을 장악하고, 각 선수들의 고유한 요구와 특성에 따라 그의 감독 스타일을 조금씩 수정할 수 있는 능력을 갖추었으며, 보조 코치들에게 있어서도 마찬가지였다. 즉 그는 전체 팀을 포괄하는 일반적인 철학 원칙을 세운 뒤에는 선수들과 코치들에 대해서 그들 각각의 특수한 욕구에 맞게 그의 일반 원칙들을 조정할 수 있었다.

보우든은 지금 그의 경력의 정점에 있으며, 이는 단지 그의 화려한 전적 때문만은 아니다. 6장에서 살펴본 바와 같이, 명성은 두 가지 폭넓은 자질 범주와 관련이 있다. 하나는 결과가 있어야 한다는 것으로 보우든은 누구보다도 성공적이었다. 둘째는 성실함이며, 그는 이 분야의 역할 모델이나 다름없다. 그러므로 보우든은 광범위한 정치의 기술을 갖추고 있으며, 선수와 코치, 대학 총장과 이사회 임원, 후원자, 팬, 지역과 중앙 언론 매체 등 그가 만나야 할 다양한 사람들을 다루는데 있어서 정치의 기술을 대단히 효과적으로 사용하였다.

미국의 의회 대변인으로 잘 알려져 있는 데니스 하스터트J. Dennis Hastert는 고교 교사와 코치로 출발하였다. 현재 그가 정치 리더로 성장할 수 있었던 것은 그러한 기술들과 능력, 품행 덕분으로, 코치와 정치가 그리고 기업 경영자들의 기본적인 자질과 능력이 본질적으로 동일함을 잘 보여준다.

정치인들이 일반적으로 보다 대중적이고 가시적인 방식으로 정치의 기술을 보여주지만, 하스터트의 잘 알려지지 않은 소박한 품행은 코치 활동과 정치 모두에서 매우 효과적인 것으로 판명되었다. 여전히 미국 의회의 코치로 불리는 그는 정치 기술의 전형이다. 너무도 뛰어나 전혀 정치의 기술이 없는 사람처럼 보인다. 그의 스타일은 그의 본 모습과 마찬가지로 진실하고 성실하다. 그는 진정으로 "보이는 게 실제이다."(Franzen, 2003)

하스터트는 거만하게 굴면서 자신만 소중하게 여기는 것을 피해야 할 불행으로 여기는 것 같다. "나는 내가 소박한 사람이라고 말하지 않습니다."(Franzen, 2003, p.85). 하스터트는 대중의 시선을 피하며, 언론 접촉은 다른 사람에게 맡긴다. 그의 전임자인 뉴트 깅리치는 언론의 스포트라이트를 일광욕처럼 즐겼지만, 그는 아니다. 현란하지도 쇼맨도 아닌 모습으로 조용히 미국 하원을 이끌고 있다.

네트워크, 동맹과 제휴를 구축함으로써, 그는 그의 이데올로기와 정당이 반영하고 있는 정책들을 밀어붙일 사회적 자원을 개발했다. 그는 권력과 영향력의 중개자이다. 그러나 그는 그것을 개인적인 목적에 이용하지 않았다. 오직 공공의 선을 위한 서비스와 실천을 위해, 그리고 다른 사람들에게 신뢰를 주기 위해 이용할 뿐이었다. 일리노이 출신의 민주당 의원인 빌 리핀스키Bill Lipinski는 하스터트를 "허풍쟁이가 아니라 … 가장 멋지고, 다정하며, 정치계에서 만나 본 사람들 중에 가장 협력적인 인물이다."라고 평하였다.(Franzen, 2003, p.94).

워싱턴의 정치 세계는 이미지 조작, 이기심, 정보 조작 그리고 간혹 의심스러운 성실성으로 알려져 있다. 실제 그런지 아닌지는 차치하고, 대부분 비슷한 생각이다. 그러므로 하스터트의 정직함과 진실성은 더욱 빛을 발한다. 그는 중서부의 농장에서 태어나 지금도 여전히 간직하고 있는 기본적인 가치관을 배우며 성장했다. 그의 명성은 그의 가치관들을 더욱 값지게 만들며, 영향력에 관한 그의 능력에 큰 보탬이 되고 있다.

성실한 한 인간으로서 그는 모범을 통해 남을 지도하는 방법과 입법 과정에서 원하는 결과를 얻기 위해 사람들을 고무하고 조율하는 방법을 알고 있다. 물론 그는 예전의 고등학교 교사 시절의 그와 달라진 것은 아무것도 없다.

우리가 어떻게 그와 그의 정치의 기술에 대해 그처럼 잘 알고 있는 듯이 말하는 걸까? 40여년 전, 일리노이의 요크빌 고등학교는 경제학과 사회학 교사로서 그리고 레슬링과 풋볼 코치로 그를 채용하였다. 우리 저자 세 명 중에 두 명이 당시의 그 학교 학생들이었다. 데이비슨은 2학년, 페리스는 신입생으로 그 후 4년간 풋볼과 레슬링을 배웠다. 우리는 데니스 하스터트가 상대가 누구든 (학생이든 운동선수이든 혹은 정치 지도자들이든) 사람들로 하여금 최고의 자질을 발휘하게 만드는 드문 능력을 소유한 사람이라는데 지금도 의심 없이 자신 있게 말할 수 있다.

결 론

리더의 유능함과 이에 따른 그룹의 성공에 필요한 기술은 끊임없이 변화해 왔으며, 오늘날 사회적 통찰력, 인간관계에서의 기민성 또는 이른바 정치의 기술이라 불리는 요소가 중요시 되고 있다. 만약 어떤 리더의 핵심적인 과제 중의 하나가 팀의 효율성을 해치는 장애물을 제거하는 것이라면, 일정한 수준의 정치의 기술이 필수적이다.

이미 살펴본 바와 같이, 셸리 킥패트릭과 에드윈 로크는 이 상황을 완벽하게 묘사하였다. "리더들이 다른 사람들과는 다르다는 것은 명확하다. 리더들이 반드시 위대한 지능이나 박식함을 갖춘 사람일 필요는 없지만, 반드시 적합한 자질을 갖추어야만 한다. 그리고 그 자질은 모든 사람들이 가지는 것이 아니다."(1991, p.58) 우리는 정치의 기술이 '적합한 자질'의 상당 부분을 차지한다고 믿는다.

9. 정치의 기술 핵심 요약

　비즈니스의 세계는 사회적인 공간이며, 그것이 오늘날 정치의 기술이 그처럼 중요하게 생각하는 이유이다. 모든 조직은 정도의 차이가 있을 뿐 자체의 정치 논리가 적용되고 있다. 누구든 업무를 처리하기 위해서는 최소한의 정치의 기술을 갖추어야만 한다.
　비즈니스에서의 정치학은 부정적인 이미지로 묘사되어 왔지만, 우리는 정치의 기술을 다른 많은 학자나 전문가들과 더불어 조직 생활에서 필요한 한 가지 자질로 본다.
　그러므로 정치의 기술이 사람들로 하여금 간혹 변화무쌍한 조직 문화에 적응하게 하는 것이라면, 우리는 그것을 성공적인 직장 생활과 개인적 그리고 전문가적인 명성에 기여하는 아주 중요한 긍정적인 자질로 간주한다.

물론 긍정적으로 이용하고자 하는 다른 자질이나 품성과 마찬가지로 정치의 기술은 다른 사람이나 조직에 해를 끼치는 순전히 이기적인 용도로 이용될 수 있다. 일부 정치의 기술이 뛰어난 기업 중역들은 자신의 재능을 다른 직원들이나 주주 혹은 조직을 희생시키는 대가로 자신들이 이익을 추구하는 용도로 사용했는데, 엔론이나, 타이코, 월드컴 같은 회사가 바로 그런 경우이다. 그러나 그런 종류의 행동은 도구를 오용하는 경우이지, 도구 자체의 잘못은 아니다.

현실 속의 정치의 기술

정치의 기술로 우리가 할 수 있는 일은 무엇일까? 이것은 이 책 전반에 걸친 주제이며, 점점 해답에 가까워가고 있다. 간단히 정리하자면, 이 책에서 논의한 것은 다음 네 가지 주제이다.

- 정치 기술의 본질
- 정치 기술의 측정 방법
- 정치 기술의 개발 방법
- 비즈니스의 성공에서 정치 기술의 역할

각 주제에 대한 우리의 결론은 여기에서 요약된 바와 같이 지난 15년 이상의 연구 결과이다. 우리의 작업은 광범위한 연구와 우리가 개발한 정치기술 지수Political Skill Inventory에 기반을 두고 있다.(2장에서 소개되고 부록에서 자세히 논의된다.)

정치 기술의 본질

정치의 기술에는 네 가지 차원이 있다. 사회적 통찰력, 대인관계 영향력, 인맥관리 능력 그리고 진실성이다. 이 네 가지는 이 책의 중요한 주제이며, 이 책 전반에 걸쳐 논의되었다. 1부에서 논의한 정치의 기술의 측정과 개발 방법, 그리고 2부에서 설명한 각각의 특정한 역할이다.

정치 기술의 측정

2장의 정치기술 지수의 18개 질문에 답함으로써, 자신의 일반적인 정치의 기술 수준을 측정할 수 있다. 또한 네 가지 정치의 기술 차원 각각에서 자신의 수준에 대해 이해할 수 있다. 지수는 자신의 정치의 기술 수준이나 다른 사람들의 정치의 기술 수준을 파악하고자 할 때 쉽게 이용할 수 있다.

정치 기술의 개발

정치의 기술이 뛰어난 것으로 인식되는 일부 사람들은 어떻게 그들의 정치의 기술 수준에 도달하게 되었을까? 연구 결과, 드라마 기반 훈련, 임원 코칭, 그리고 멘토링이 가장 일반적이며, 동시에 가장 효과적인 정치의 기술 개발 과정으로 보인다.(네 가지 차원 모두에서) 네 가지 차원 중 어느 하나의 특정한 훈련 기법이나 방법 가운데는 비평과 피드백 활동, 피드백이 있는 비디오테이프 역할극 훈련, 리더십 훈련 그리고 행동 모델링 등이 있다.

다른 흥미로운 관련 분야의 연구 결과, 여성과 소수 인종은 백인 남성들에 비해 정치의 기술이 부족한 것으로 드러났다. 점점 더 많은 수의 여성들과 소수 인종이 조직 내의 고위직으로 승진해감에 따라 현재의 상태는 변화할 것이다.

정치 기술의 역할

정치의 기술은 여러분이 직장 생활에 첫발을 내딛는 순간부터 자신의 모든 행동에 영향을 미친다. 물론 정치의 기술은 여러분의 개인적, 사회적 삶의 한 부분이지만, 이 책의 목적상 우리는 비즈니스에서의 정치의 기술에 초점을 둔다.

결론적으로 우리는 정치의 기술이 성공적으로 취업할 수 있는 능력, 근무 성과와 성공적인 커리어 관리에 미치는 영향, 자신의 명성을 높이는 과정, 직무 스트레스를 관리하는 방법, 자신과 자신이 속한 팀의 잠재적 리더십을 개발하는 방법 등에서 어떻게 작용하는지 흥미롭게 살펴보았다.

결 론

정치의 기술의 핵심은 우리가 영향력을 발휘하려고 노력하는 것처럼 보이지 않으면서 영향력을 발휘하는 것이다. 그러므로 정치의 기술을 갖춘 사람의 진정한 모습은 그들이 전혀 정치의 기술이 없어 보이는 것이다. 다만 성실하고, 진실하며, 참된 사람으로 보이는 것이다.

정치의 기술이 뛰어난 사람은 조용하고, 확신에 차 있으며, 인격적으로 안정되어 있다. 그리고 주변에 사람들을 끌어 모으고, 이것은 다시 그들의 영향력을 증대시키게 된다.

어떤 사람들은 정치의 기술을 갖춘 사람들을 카멜레온 같은 사람으로서 다양한 상황에 적응할 능력이 있는 사람으로 묘사하기도 한다. 이 비유가 적절하지만, 냉혈의 카멜레온과 달리, 정치의 기술을 갖춘 사람들은 기능적 적합성과 유연성을 통해, 어떤 행동을 취해야 할지 불투명한 상황도 헤쳐 나갈 능력이 있다.

격자무늬는 카멜레온에게 딜레마를 던져주지만, 정치의 기술을 갖춘 사람은 신속하고도 손쉽게 복잡한 사회적 상황을 파악하고, 본능적으로 무엇을 해야 할지를 결정한다. 이것이 정치의 기술의 핵심이다.

부 록

정치의 기술과 다른 개념들 간의 관계 :
연구 결과

    2장에서 제시된 정치기술 지수Political Skill Inventory는 광범위한 연구와 검증의 산물이다. 여기서 우리는 "정치기술 지수의 개발과 타당화Development and Validation of the Political Skill Inventory"(Ferris et al., 2005)에 보고된 논리적 근거와 발견 사항들을 살펴보고자 한다.
    우리의 관점에서 정치의 기술은 단순히 영향력 전술influence tactics의 동의어가 아니며, 주장성assertiveness과도 관련이 없다. 정치의 기술은 스타일이다. 정치의 기술은 자기 점검(자신의 환경을 알고, 인간관계의 암시나 자극에 대한 반응 정도), 그리고 성실성

conscientiousness(마감 시간을 맞추고 문제 해결을 위해 최상의 제안을 제시하는 정도)과 긍정적인 관계를 가진다. 또한 우리는 정치의 기술이 일반적인 근심이나 걱정과는 역상관의 관계를 가지며, 정치의 기술을 갖춘 사람들은 상대적으로 스트레스와 긴장감을 덜 느낀다고 믿는다.

우리는 세 가지 유형의 영향력 전술인 제휴 형성, 고위층에 대한 호소 그리고 주장성을 연구하였다. 제휴 형성은 어떤 공통의 아이디어를 기반으로 다른 사람들의 지지를 획득하는 것이다. 호소는 높은 사람들로부터 지지를 얻어내려는 전술이다. 주장성은 요구와 정보에 대해 단호한 자세를 유지하는 것이다. 이러한 영향력 전술들은 항상 제대로 작동하는 것은 아니다 그 성공 여부는 개별 상황에 대한 적합성 여부와 수행 방식에 달려 있다.

예비 조사 결과는 정치의 기술 구성요인의 타당성에 대한 증거를 제시한다. 기대한 바와 같이, 전반적인 정치의 기술 구성요인은 자기 감독(r=.39, p<.001)* 그리고 성실성(r=.31, p<.001)과 의미있는 긍정적인 관계가 있다. 그리고 정치의 기술의 사회적 통찰력 차원은

---

r : 두 변수간의 상관관계(correlation)를 나타내는 통계용어로써, 상호관련성을 나타냄.
   r : 1이면 상호관련성이 100%이며, r : 0이면 상호관련성이 없음을 나타냄.
   r : 39이면 39% 정도의 관련성이 있다는 정도임.
   r : -37이라는 의미는 부정적 상호관련성이 37%라는 의미임.
p : 확률(probability)을 의미하는 것으로 0.05, 0.01, 0.001 등으로 나타냄.
   0.05는 1백번 실험하여 5번이 그와 같은 결과가 나오지 않을 확률, 즉 95번이 그와 같은 결과가 나오는 것을 의미함.
   0.001 은 1천번 실험하여 1번 정도가 그 결과가 나오지 않을 확률, 즉 확률이 매우 높음을 의미함.

이 책의 내용에서는 문장의 내용으로 충분히 이해할 수 있을 것이나 독자의 궁금증을 고려하여 간략히 설명함. 보다 상세한 내용은 통계학 관련 서적을 참고하기 바람.

자기 감독(r=.37, p<.001)과 성실성(r=.27, p<.001)과 상관관계가 있고, 네 가지 측면들 중에 가장 강력한 상관관계를 보였다. 그러나 이 두 가지 구성요인과 다른 세 가지 PSI 차원들 간에는 의미있는 차이가 발견되지 않았다.

결과에 의하면, 정치의 기술은 영향력 전술과 큰 상관관계가 없었다. 사실 정치의 기술과 개별적인 영향력 전술 간의 상관관계는 어떤 것도 극히 높지는 않았다. 특히 정치의 기술은 호소 전략(r=.25, p<.001)과 제휴 결성(r=.21, p<.001)과 연관이 있었다. 정치의 기술은 보다 간접적이므로 단호성과 상관관계가 낮을 것이라는 우리의 기대는 맞아 떨어졌다. 상관관계는 의미있는 수준이 아니었다.(r=.09, n.s.)

네트워킹의 본질이 다른 사람들과 만나고 영향력 행사를 위해 제휴를 구성할 수 있음을 시사하므로, 인맥관리 능력은 호소와 제휴 형성, 영향력 전술과 가장 강한 상관관계를 가질 것으로 가설이 설정되었고 실제 검증이 되었다.(r=.30, p<.001, r=.31, p<.001, 각각) 인맥관리 능력 측면은 주장성을 효과적으로 활용할 수 있을 것으로 생각되었다. 사실상 인맥관리 능력은 단호성과 의미있는 정적 상관관계를 보였는데,(r=.18, p<.001) 다른 PSI 측면들과의 상관관계에 비교할 때 훨씬 큰 상관관계이다.

정치의 기술은 특성 불안trait anxiety(개인에게 내재되어 있는 불안)과 의미있는 부정적 상관관계를 보였다.(r=.31, p<.001) 우리는 정치의 기술의 대인관계 영향력 측면에서의 높은 점수에서 유래된 통

제감과 개인적 안정감이 감소된 특성 불안 수준과 상관관계를 가질 것으로 예상했는데, 결과도 그러했다. 대인관계 영향력은 네 가지 측면들 중에 특성 불안과 가장 큰 부정적 상관관계를 보였다.($r=-.37$, $p<.001$) 또한 대인관계 영향력과 특성 불안간의 상관관계를 각각의 다른 PSI 측면과 특성 불안 간의 상관관계를 비교한 구성요인 테스트 결과, 모든 상관관계의 정도에서 별 의미가 없었다.

다른 연구에서 우리는 정치의 기술이 자기 점검과 성실성과 정적인 상관관계가 있을 것으로 재차 기대했다. 전반적인 PSI는 자기 점검($r=.33$, $p<.01$)과 정적인 상관관계가 있었다. 재미있는 것은 비록 긍정적이지만, PSI와 성실성 간의 상관관계는 이 연구에서 의미가 없었다는 점이다. 더욱이 우리의 작업은 정치의 기술이 정치 이해력political savvy과 긍정적인 상관관계가 있으며 전반적인 PSI가 정치의 기술과 의미있는 상관관계가 있을 것이라는($r=.47$, $p<.001$) Chao, O'Leary-Kelly, Wolf, Klein 그리고 Gardner (1994)의 예측을 확인해 주었다.

사회적 통찰력은 네 가지 정치의 기술 차원들 중에서 자기 점검($r=.32$, $p<.001$)과 그리고 정치적 이해력($r=.60$, $p<.001$)과 가장 높은 상관관계를 보였다. 정치의 기술은 상부 호소와 제휴 전술을 포함하여 다양한 영향력 전술들과 관련되어야 하지만, 우리의 연구결과에 의하면 주장성과는 관련이 없었다. 정치의 기술은 영향력 전술과 상관관계가 있다. PSI의 총 점수는 제휴 전략과 긍정적인 상관관계가 있지만($r=.28$, $p<.001$), 주장성과는 상관관계가 없었다.($r=.16$,

p<.001) 그러나 PSI는 상부 호소 전략과 의미있는 상관관계는 없었지만 긍정적인 상관관계를 지녔다.

인맥관리 능력 차원은 상부 호소 영향력 전술(r=.26, p<.05), 제휴 전술(r=.30, p<.05), 주장성 전술(r=.22, p<.05)과 긍정적으로 상관관계를 가졌다. 또한 정치의 기술을 갖춘 사람들은 긴장과 근심을 덜 겪는 경향이 있으므로, 특성 불안과 부정적 상관관계를 가져야 한다. 연구 결과들도 PSI는 처음 연구에서와 마찬가지로 특성 불안과 부정적 상관관계를 보였다.(r=-.27, p<.01) 처음 연구의 결과를 그대로 보였을 뿐 아니라, 대인관계 영향력은 특성 불안과 가장 부정적인 상관관계를 보였다.(r=-.42, p<.01) 그리고 특성 불안과 다른 PSI 차원들과의 상관관계의 정도가 별 의미가 없었다.

전반적으로, 이 연구들은 정치의 기술의 타당성에 관해 지지하고 있다. 달리 말하면, 이 연구들은 정치의 기술을 측정하기 위해 우리가 고안한 설문지들이 사실상 정치의 기술을 측정하는데 유용하였지만, 일부 다른 개념들은 측정하지 못했음을 말한다. 본질적으로 이 연구는 우리의 설문지가 애초 기획된 의도대로 잘 작동한다는 것을 강력하게 지지하고 있다.

참고문헌

Ahearn, K. K., Ferris, G. R., Hochwarter, W. A., Douglas, C., & Ammeter, A. P. (2004). Leader political skill and team performance. *Journal of Management, 30*, 309–327.
As leaders, women rule. (2000, November 20). *BusinessWeek*, p. 74.
Bandura, A. (1986). *Social foundations of thought and action: A social cognitive theory.* Englewood Cliffs, NJ: Prentice-Hall.
Baron, R. A., & Markman, G. D. (2000). Beyond social capital: How social skills can enhance entrepreneurs' success. *Academy of Management Executive, 14*, 106–116.
Bartol, K. M., & Martin, D. C. (1990). When politics pays: Factors influencing managerial compensation decisions. *Personnel Psychology, 43*, 599–614.
Batt, R., & Appelbaum, E. (1995). Worker participation in diverse settings: Does the form affect the outcome, and if so, who benefits? *British Journal of Industrial Relations, 33*, 353–378.
Bell, E. L. J., & Nkomo, S. M. (2001). *Our separate ways: Black and white women and the struggle for professional identity.* Boston: Harvard Business School Press.
Block, J., & Kremen, A. (1996). IQ and ego-resiliency: Conceptual and empirical connections and separateness. *Journal of Personality and Social Psychology, 70*, 349–361.
Bolino, M. C. (1999). Citizenship and impression management: Good soldiers or good actors? *Academy of Management Review, 24*, 82–98.
Bolman, L. G., & Deal, T. E. (1991). *Reframing organizations: Artistry, choice, and leadership.* San Francisco: Jossey-Bass.

Borman, W. C., Hedge, J. W., Ferstl, K. L., Kaufman, J. D., Farmer, W. L., & Bearden, R. M. (2003). Current directions and issues in personnel selection and classification. In J. J. Martocchio & G. R. Ferris (Eds.), *Research in personnel and human resources management* (Vol. 22, pp. 287–355). Oxford, England: JAI Press/Elsevier Science.

Borman, W. C., & Motowidlo, S. J. (1993). Expanding the criterion domain to include elements of contextual performance. In N. Schmitt & W. C. Borman (Eds.), *Personnel selection* (pp. 71–98). San Francisco: Jossey-Bass.

Bowden, B. (2001). *The Bowden way: 50 years of leadership wisdom.* Atlanta: Longstreet Press.

Buckman, R. H. (2004). *Building a knowledge-driven organization.* New York: McGraw-Hill.

Byrne, J. A. (1999). *Chainsaw: The notorious career of Al Dunlap.* New York: HarperCollins.

Campbell, J. P. (1990). Modeling the performance prediction problem in industrial and organizational psychology. In M. D. Dunnette & L. M. Hough (Eds.), *Handbook of industrial and organizational psychology* (2nd ed., Vol. 1, pp. 687–732). Mountain View, CA: Davies-Black Publishing.

Carnegie, D. (1936). *How to win friends and influence people.* New York: Simon & Schuster.

Cascio, W. F. (1995). Whither industrial and organizational psychology in a changing world of work? *American Psychologist, 50,* 928–939.

Chao, G. T., O'Leary-Kelly, A. M., Wolf, S., Klein, H. J., & Gardner, P. D. (1994). Organizational socialization: Its content and consequences. *Journal of Applied Psychology, 79,* 730–743.

Clinton, B. (2004). *My life.* New York: Knopf.

The Clinton legacy. (2001, January 14). *Tallahassee Democrat,* pp. 1A, 6A.

Cooper, W. H., Graham, W. J., & Dyke, L. S. (1993). Tournament players. In G. R. Ferris (Ed.), *Research in personnel and human resources management* (Vol. 11, pp. 83–132). Greenwich, CT: JAI Press.

Cotterell, B. (2002, December 19). Political skills important for job. *Tallahassee Democrat,* pp. 1A, 4A.

Daft, R. L., & Lewin, A. Y. (1993). Where are the theories for the "new" organizational forms? An editorial essay. *Organization Science, 4,* i-iv.

Dauten, D. (1996, July 8). Promote yourself using the art of 'schmoozilitics.' *Chicago Tribune,* Section 4, p. 2.

Dess, G. G., & Shaw, J. D. (2001). Voluntary turnover, social capital, and organizational performance. *Academy of Management Review, 26,* 446–456.

Deutsch, C. H. (1990, January 21). Media manipulation 101. *New York Times,* p. F29.

Drake, G. (1987, February 10). Acting classes for the political world. *New York Times*, p. 22.
Dulebohn, J. H., Ferris, G. R., & Stodd, J. T. (1995). The history and evolution of human resource management. In G. R. Ferris, S. D. Rosen, & D. T. Barnum (Eds.), *Handbook of human resource management* (pp. 18–41). Oxford, England: Blackwell.
Edelman, M. (1964). *The symbolic uses of politics*. Urbana, IL: University of Illinois Press.
Fernandez, J. P. (1981). *Racism and sexism in corporate life*. Lexington, MA: Lexington Books.
Ferris, G. R., Judge, T. A., Rowland, K. M., & Fitzgibbons, D. E. (1994). Subordinate influence and the performance evaluation process: Test of a model. *Organizational Behavior and Human Decision Processes, 58*, 101–135.
Ferris, G. R., Treadway, D. C., Kolodinsky, R. W., Hochwarter, W. A., Kacmar, C. J., Douglas, C., & Frink, D. D. (2005). Development and validation of the political skill inventory. *Journal of Management, 31*, 126–152.
Fombrun, C. J. (1996). *Reputation: Realizing value from corporate image*. Boston: Harvard Business School Press.
Franzen, J. (2003, October 6). The listener. *New Yorker*, pp. 85–99.
Frink, D. D., & Ferris, G. R. (1998). Accountability, impression management, and goal setting in the performance evaluation process. *Human Relations, 51*, 1259–1283.
Gardner, H. (1995). *Leading minds: An anatomy of leadership*. New York: Basic Books.
Gardner, W. L., & Avolio, B. J. (1998). The charismatic relationship: A dramaturgical perspective. *Academy of Management Review, 23*, 32–58.
Garson, H. S. (2004). *Oprah Winfrey: A biography*. Westport, CT: Greenwood Press.
Gilmore, D. C., & Ferris, G. R. (1989). The effects of applicant impression management tactics on interviewer judgments. *Journal of Management, 15*, 557–564.
Gilmore, D. C., Stevens, C. K., Harrell-Cook, G., & Ferris, G. R. (1999). Impression management tactics. In R. W. Eder & M. M. Harris (Eds.), *The employment interview handbook* (pp. 321–336). Thousand Oaks, CA: Sage.
Giuliani, R. (2002). *Leadership*. New York: Miramax Books.
Goffman, E. (1959). *The presentation of self in everyday life*. Garden City, NY: Doubleday.
Goleman, D. (1995). *Emotional intelligence*. New York: Bantam Books.
Goleman, D. (1998). *Working with emotional intelligence*. New York: Bantam Books.

Gould, S., & Penley, L. E. (1984). Career strategies and salary progression: A study of their relationship in a municipal bureaucracy. *Organizational Behavior and Human Performance, 34*, 244–265.

Graen, G. B., & Uhl-Bien, M. (1995). Relationship-based approach to leadership: Development of leader-member exchange (LMX) theory of leadership over 25 years: Applying a multi-level multi-domain perspective. *Leadership Quarterly, 6*, 219–247.

Greenstein, F. I. (2004). *The presidential difference: Leadership style from FDR to George W. Bush*. Princeton, NJ: Princeton University Press.

Higgins, C. A. (2000). *The effect of applicant influence tactics on recruiter perceptions of fit*. Unpublished doctoral dissertation, Department of Management and Organizations, University of Iowa.

Hochschild, A. R. (1983). *The managed heart: Commercialization of human feeling*. Berkeley: University of California Press.

House, R. J., & Aditya, R. N. (1997). The social scientific study of leadership: Quo vadis? *Journal of Management, 23*, 409–473.

Isaacson, K. (2004). Getting hired. *Women in Business, 56*, 14—17.

Jackall, R. (1988). *Moral mazes: The world of corporate managers*. New York: Oxford University Press.

Job security: Collect those brownie points. (1996, March 4). *Chicago Tribune*, Section 4, p. 3.

Judge, T. A., Colbert, A. E., & Ilies, R. (2004). Intelligence and leadership: A quantitative review and test of theoretical propositions. *Journal of Applied Psychology, 89*, 542–552.

Kanter, D. L., & Mirvis, P. H. (1989). *The cynical Americans: Living and working in an age of discontent and disillusion*. San Francisco: Jossey-Bass.

Kanter, R. M. (2004). *Confidence: How winning streaks and losing streaks begin and end*. New York: Crown Business.

Kelley, R. & Kaplan, J. (1993). How Bell Labs creates star performers. *Harvard Business Review, 71*, 128–136.

Khurana, R. (2002). *Searching for a corporate savior: The irrational quest for charismatic CEOs*. Princeton, NJ: Princeton University Press.

Kipnis, D., & Schmidt, S. M. (1988). Upward influence styles: Relationships with performance evaluations, salary, and stress. *Administrative Science Quarterly, 33*, 528–542.

Kirkpatrick, S. A., & Locke, E. A. (1991). Leadership: Do traits matter? *Academy of Management Executive, 5*, 48–60.

Klaus, P. (2003). *Brag! The art of tooting your own horn without blowing it*. New York: Warner Books.

Leary, M. R. (1995). *Self-presentation: Impression management and interpersonal behavior*. Boulder, CO: Westview Press.

Logan, D. A. (2001). Libel law in the trenches: Reflections on current data on libel litigation. *Virginia Law Review, 87*, 503–529.

Lombardo, M., & McCauley, C. (1988). *The dynamics of management derailment.* Technical report #34. Greensboro, NC: Center for Creative Leadership.

Luthans, F., Hodgetts, R. M., & Rosenkrantz, S. A. (1988). *Real managers.* Cambridge, MA: Ballinger.

Mainiero, L. A. (1994). On breaking the glass ceiling: The political seasoning of powerful women executives. *Organizational Dynamics, 22,* 5–20.

Mann, S. (1995). Politics and power in organizations: Why women lose out. *Leadership & Organization Development Journal, 16*(2), 9–15.

Marchica, J. (2004). *The accountable organization.* Mountain View, CA: Davies-Black Publishing.

Matthews, C. (1988). *Hardball: How politics is played told by one who knows the game.* New York: HarperCollins.

Mintzberg, H. (1983). *Power in and around organizations.* Englewood Cliffs, NJ: Prentice-Hall.

Morrow, L. (1998, March 30). The trouble with the present tense. *Time,* p. 29.

Mount, M. K., & Barrick, M. R. (1995). The Big Five personality dimensions: Implications for research and practice in human resources management. In G. R. Ferris (Ed.), *Research in personnel and human resources management* (Vol. 13, pp. 153–200). Greenwich, CT: JAI Press.

Münsterberg, H. (1913). *Psychology and industrial efficiency.* Boston: Houghton Mifflin.

Murphy, K. R., & Cleveland, J. N. (1995). *Understanding performance appraisal: Social, organizational, and goal-based perspectives.* Thousand Oaks, CA: Sage.

Perrewé, P. L., Zellars, K. L., Ferris, G. R., Rossi, A. M., Kacmar, C. J., & Ralston, D. A. (2004). Neutralizing job stressors: Political skill as an antidote to the dysfunctional consequences of role conflict stressors. *Academy of Management Journal, 47,* 141–152.

Peters, T. (1987). *Thriving on chaos: Handbook for a management revolution.* New York: Knopf.

Pfeffer, J. (1981). *Power in organizations.* Boston: Pitman.

Pfeffer, J. (1992). *Managing with power: Politics and influence in organizations.* Boston: Harvard Business School Press.

Pondy, L. R. (1978). Leadership as a language game. In M. W. McCall & M. M. Lombardo (Eds.), *Leadership: Where else can we go?* (pp. 87–99). Durham, NC: Duke University Press.

Purnick, J. (2004, September 13). Testing clout of Giuliani in the G.O.P. *New York Times,* Section B, p. 1.

Rosen, B., & Lovelace, K. (1991). Piecing together the diversity puzzle. *HR Magazine, 36,* 78–84.

Russ, G. S. (1991). Symbolic communication and image management in organizations. In R. A. Giacalone & P. Rosenfeld (Eds.), *Applied impression management: How image-making affects managerial decisions* (pp. 219-240). Newbury Park, CA: Sage.

Schmidt, F. L., & Hunter, J. E. (1998). The validity and utility of selection methods in personnel psychology: Practical and theoretical implications of 85 years of research findings. *Psychological Bulletin, 124*, 262-274.

Seibert, S. E., Kraimer, M. L., & Liden, R. C. (2001). A social capital theory of career success. *Academy of Management Journal, 44*, 219-237.

Semadar, A. (2004). *Interpersonal competencies and managerial performance: The role of emotional intelligence, leadership self-efficacy, self-monitoring, and political skill.* Unpublished doctoral dissertation, Department of Psychology, University of Melbourne, Australia.

Sofer, C. (1970). *Men in mid-career: A study of British managers and technical specialities.* Cambridge, England: Cambridge University Press.

Spence, A. M. (1974). *Market signaling: Informational transfer in hiring and related screening processes.* Cambridge, MA: Harvard University Press.

St. George, J., Schwager, S., & Canavan, F. (2000, Autumn). A guide to drama-based training. *National Productivity Review*, pp. 15-19.

Staw, B., & Barsade, S. G. (1993). Affect and managerial performance: A test of the sadder-but-wiser vs. happier-and-smarter hypothesis. *Administrative Science Quarterly, 38*, 304-331.

Staw, B., Sutton, R., & Pelled, L. (1994). Employee positive emotions and favorable outcomes at the workplace. *Organization Science, 5*, 51-71.

Stengel, R. (2000). *You're too kind: A brief history of flattery.* New York: Simon & Schuster.

Suchman, M. C. (1995). Managing legitimacy: Strategic and institutional approaches. *Academy of Management Review, 20*, 571-610.

Thomas, L. & Ganster, D. (1995). Impact of family-supportive work variables on work-family conflict and strain: A control perspective. *Journal of Applied Psychology, 80*, 6-15.

Thorndike, E. L. (1920). Intelligence and its uses. *Harper's, 140*, 227-235.

Towler, A., & Dipboye, R. L. (2001). *Effects of charismatic communication training on motivation, behavior, and attitudes.* Paper presented at the 16th Annual Conference of the Society for Industrial and Organizational Psychology, San Diego.

Treadway, D. C., Ferris, G. R., Douglas, C., Hochwarter, W. A., Kacmar, C. J., Ammeter, A. P., & Buckley, M. R. (2004). Leader political skill and employee reactions. *Leadership Quarterly, 15*, 493-513.

Up and out: Rude awakenings come early. *Chicago Tribune* (1995, November 10), Section 4, p. 3.

Watkins, M. D., & Bazerman, M. H. (2003, March). Predictable surprises: The disasters you should have seen coming. *Harvard Business Review*, pp. 72–80.

Weick, K. E. (1979). Cognitive processes in organizations. In B. M. Staw (Ed.), *Research in organizational behavior* (Vol. 1, pp. 41–74). Greenwich, CT: JAI Press.

Worker stress, health reaching critical point. (1999, May). *American Psychological Association Monitor*, pp. 1, 27.

Wright, J. P. (1979). *On a clear day you can see General Motors*. New York: Avon Books.

에필로그

비즈니스에서의 정치 기술, 흥미롭지 아니한가?

 알지 못하는 사람으로부터 해보지 않은 일을 해 달라는 제의를 받을 때가 있다. 시작한 지 얼마 되지 않은 일에 익숙해지면서 함께 일하는 사람들과 정이 들어 갈 무렵, 기대하지 않은 곳에서 부르는 제안에 마음이 끌릴 경우가 있다. 마음에 드는 사람이 일을 잘 하지 못하거나 가까운 사람이 오히려 일을 그르칠 때도 있다. 긴장과 스트레스로 인해 고통과 번민이 끊이지 않을 때가 자주 있다. 이럴 때, 우리는 어떻게 해야 하는가?

 각각의 상황에 대한 정답을 찾지 못하고 최선을 선택해야 할 때, 뛰어난 지능지수(IQ)만 필요한 것이 아니다. 인간관계를 그르치지 않으면서, 전혀 그렇지 않은 듯이 부드럽게 일을 처리하는 능력이 있어야 한다. 갈등과 고민에 휩싸이면서 해결하지 못하거나 같은 상황을 다르게 해석하는 역량은 교실에서 가르쳐 주지 않는다. 아는 것이 많고 매사에 철저한 사람보다 둥글둥글하고 엉성한 사람이 더 나은 결정을 하기도 하고, 완벽한 정보를 가진 사람보다 별로 관심이 없는 사람이 더 나은 선택을 하는 경우도 있다.

무조건 열심히 일하는 사람보다 세련된 방식으로 일을 잘하는 사람이 더 나은 평가를 받기도 한다. 반드시 승진할 것 같은 사람이 누락되고 생각하지도 않았던 사람이 진급을 할 때도 있다. 어눌한 말투로 논리에 맞지 않는 듯이 이야기 하는 사람의 말에 설득력이 있는가 하면 미사여구로 깔끔하게 다듬어지는 수사(修辭)는 외면당하기 일쑤이다.
　인간관계가 좋고 일을 잘 한다는 것이 어떤 의미일까? 해 보지 않은 일에서 성공을 거두고 만난 적이 없는 사람과 더욱 친해질 수 있는 비결은 무엇일까? 해낸 일보다 더 높은 가치를 인정 받는 방법은 무엇이며 감추어진 비밀을 끝까지 지킬 수 있는 비법은 무엇일까? 감성과 카리스마를 자유롭게 보여주며 상대를 제압할 수 있는 유연성과 서로 다른 문화를 아우를 수 있는 다양성은 어디에서 오는가? 그것이 '정치의 기술'이다.
　정치의 기술이라는 말은 어휘의 뉘앙스 때문에 부정적으로 들릴지 모르지만, 실제로 그와는 반대이다. 긍정적이며 탁월한 성과를 산출하기 위해 자신을 솔직하고 진실하게 표현하고 전달하는 방법이 정치의 기술이며, 상대방을 배려하여 '하고 싶은 이야기를 하지 않는 기술'이다. 이와 같은 기술은 리더의 생존과 성장을 좌우하는 고도의 사회적 기술Social Skill이다.

비즈니스 세계에서 이해와 사정이 다른 사람들끼리 협력과 조정을 이끌어 내고, 성공적인 거래와 협상을 성사시키며, 어긋나기 쉬운 조건에서 제휴와 동맹을 구축하는 기술 등은 현대사회가 강력히 요구하고 있다. 개인이나 조직의 목표를 달성하기 위해 비공식적이고 틀이 갖추어지지 않은 환경에서 발휘해야 하는 인간관계 능력과 수완, 사교성 등을 발휘하고 표현하는 역량이 중요하다는 점은 누구도 부인할 수 없다.

이와 같은 기술과 역량을 '정치의 기술'이라고 정의한 저자는 이 책에서 정치의 기술을 측정하고 그 기술을 개발하는 능력을 설명한다. 아울러 비즈니스 정치의 기술을 효율적으로 활용하는 방법을 아래와 같이 몇 가지 범주로 나누어 정리했다.

우수인재 선발과 채용에서의 적합성 발견, 인재 발굴을 위한 인맥관리와 면접 기술뿐만 아니라, 직무 수행과 성과 관리, 성공적인 경력 관리와 개발 측면에서의 인격의 중요성과 영역 확장 등의 전술을 설명한다. 자신에 대한 명성과 품위를 유지하고 개발하며, 인적자원과 사회적 기술을 활용하여 그 명성을 전달하고 발전시키는 방안을 제시하고, 직무 스트레스에 대한 관리와 대처 방법을 제안한다.

특히, 리더십 스타일에 따라 다를 수 있는 정치 기술의 관계를 설명하며 리더십 커뮤니케이션과 전략적 감정 관리, 리더의 상징성과 비언어적 커뮤니케이션, 리더의 책임감과 명성, 팀의 성과와 신뢰의 관계 등을 정치적인 기술의 측면에서 생각하게 한다.

기업과 조직에서 성과목표를 달성하고 개인과 조직의 성공을 위한 정치의 기술을 학습하게 해 준 가산북스 이종헌 사장께 감사드린다. 감당할 수 없는 책을 받아 들고 고민하는 시간과 공간에 함께 있어 준 김환영 박사의 동행 제의가 없었다면 이 책은 번역될 수 없었을 것이다. "누군가에게 조금이라도 도움이 되고, 잠시라도 기쁨을 줄 수 있다면 존재 이유가 있다."는 마틴 루터 킹 목사의 말씀도 이 책을 번역하는데 도움이 되었다. "일단 눈

가리개를 하고서, 어느 고대 필사본의 한 구절을 옳게 판독해 내는 것에 자기 영혼의 운명이 달려 있다는 생각에 침잠(沈潛)할 능력이 없는 사람은 아예 학문을 단념하라."고 한 독일의 사상가 막스 웨버에게도 감사드린다.

  정치에 애정이 많지 않은 사람이 정치의 기술을 번역한 것은 아이러니가 아닐 수 없다. 그럼에도 불구하고, 이 책을 읽는 독자들께 같은 일을 하고 더 나은 평가를 받았으면 좋겠다는 마음으로, 어울리고 싶지 않은 사람들과 친해져서 더 나은 성과를 얻기를 바라는 기대감으로 이 책을 올린다.

옮긴이 씀

비즈니스 리더를 위한 정치의 기술

초판 발행   2006년 11월 10일

지은이 | 제럴드 페리스 외
옮긴이 | 홍석기 · 김환영
펴낸이 | 이종헌
펴낸곳 | 가산출판사
주 소 | 서울시 마포구 신수동 85-15
　　　　　 TEL (02) 3272-5530~1
　　　　　 FAX (02) 3272-5532
E-mail   gasanbook@empal.com
등 록 | 1995년 12월 7일 제10-1238호

ISBN 89-88933-65-6   03320

책값은 뒤표지에 있습니다.